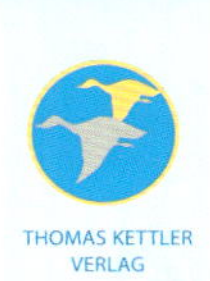

Isar & Loisach

KANU KOMPAKT

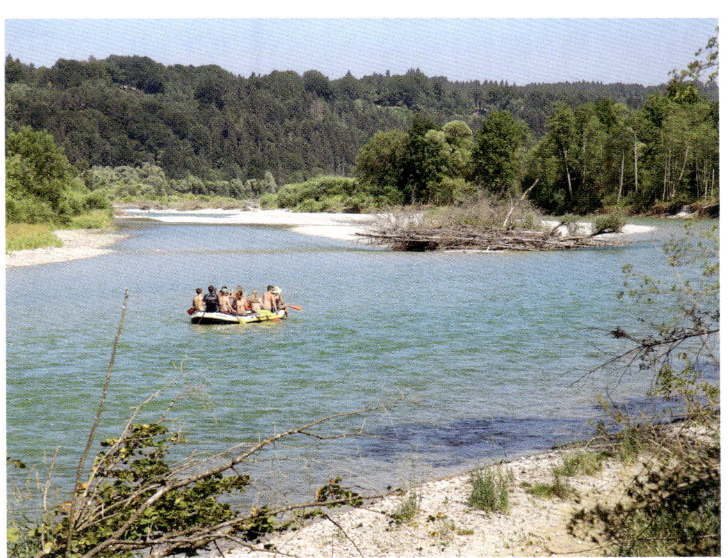

Im Mündungsdelta von Isar und Loisach

Impressum

2. aktualisierte Auflage 2021

Von-Hutten-Str. 15
D-22761 Hamburg
Tel. +49 (0)40 39 10 99 10
Fax +49 (0)40 390 68 20
www.thomas-kettler-verlag.de

Text: Alfons Zaunhuber
Lektorat & Textergänzung: Thomas Kettler
Titelfoto: *Loisach bei Farchant mit Wettersteingebirge,* Alfons Zaunhuber
Schmutztitel *(Seite 1): Im Mündungsdelta von Isar und Loisach,* Thomas Kettler
Fotos: Alfons Zaunhuber

Idee, Layout & Satz: Carola Hillmann
Wasserwanderkarten: Ferdinand Knacker, Carola Hillmann
mit freundlicher Unterstützung von Jübermann-Kartographie
Stadtpläne & Umschlagkarten: Stepmaps, Heide Schwinn
Illustration: Ann-Sophie Ränger, Carola Hillmann
Lektorat Kanufahrschule: Falk Bruder
Druck & Gesamtherstellung: LEGRA Sp. z o.o., Krakau

©Weitere Bildnachweise:
Seite 4, 9 o., 16, 19, 42, 44, 50 u., 52, 53 o., 63 u., 66 u., 69 u., 80 o. & u., 82, 83 u., 84 m. & u., 85 r., 91 u., 92 o., 94, 95: *©Thomas Kettler.*
Seite 38 o.: *©Outdoorhotel Jäger von Fall.*
Seite 56 u.: *©Waldwirtschaft Großhesselohe.* Seite 58: *©Tierpark Hellabrunn*
Seite 60: *©Dieter Verstl.* Seite 68 u.: *©Florian Jais.*
Seite 70 m.: *©Foto Ferienregion-ZugspitzLand / Benedikt Lechner.*

©Bildnachweise Wikimedia Commons:
Seite 45: *Florian Schott.* Seite 48: *Marek Szczepanek.*
Seite 56 o. & 72 o.: *Richard Bartz.* Seite 68 o.: *Nino Barbieri.*
Seite 77 & 84 o. & 89: *Gras-Ober.* Seite 80 m.: *LuckyStarr.* Seite 92 u.: *Rufus46.*

Bibliografische Information der Deutschen Nationalbibliothek Die Deutsche Nationalbibliothek verzeichnet diese Publikation in der Deutschen Nationalbibliografie; detaillierte bibliografische Daten sind im Internet über *http://dnb.d-nb.de* abrufbar.

ISBN 978-3-934014-94-7

Infos zum Paddeln, zu den Touren und der Region

Die Isar von Krün bis München

Die Loisach von Garmisch bis Wolfratshausen

Adressen

Vorwort

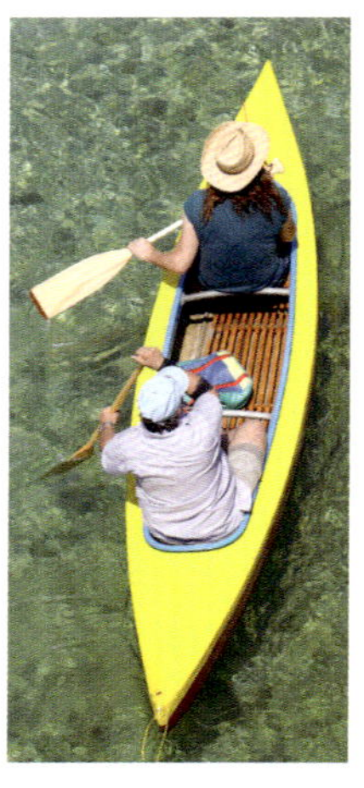

Isar und Loisach sind die beiden wichtigsten Flüsse des oberbayerischen Voralpenlandes. Die Region südlich der Landeshauptstadt, am Rande der Alpenkette, mit den Gipfeln von Karwendel und Wettersteingebirge, bietet ein besonders abwechslungsreiches Bild. Oft sorgt Föhn für einen weiß-blauen Himmel und zusammen mit blumengeschmückten Bauernhäusern vor imposanter Bergkulisse, hat sich der Ruf einer Bilderbuchlandschaft „par excellence" entwickelt.

Die smaragdgrüne Isar mit ihrem absoluten Wildfluss-Charakter ist bei Paddlern sehr beliebt. Dagegen ist die benachbarte Loisach fast noch ein Geheimtipp. Viele Teilstrecken sind, abgesehen von einigen Hochwasserschutzmaßnahmen, weitgehend naturbelassen. Sympathische Dörfer und großartige Bergsichten sorgen für zahlreiche Höhepunkte. Beschilderte Zustiege und Warnschilder vor Gefahrenstellen geben dem Neuling auf beiden Gewässern Orientierung und Sicherheit. Einige wenige Campingplätze oder flussnahe Unterkünfte bieten sich zur Übernachtung an. Bei hohem Wasserstand ist vor allem die Isar deutlich anspruchsvoller als die Loisach und wird dann für unerfahrene Kanuneulinge zunehmend gefährlich.

Einsteiger sammeln ihre ersten Erfahrungen am besten auf den verschiedenen Etappen der Loisach und paddeln erst dann auf der Isar.

In diesem Buch finden sich neben Hinweisen zur Anreise, Übernachtungsmöglichkeiten in Flussnähe, Adressen von Bootsvermietern, auch Vorschläge für lohnende Radtouren und Wanderungen, Stadtrundgänge und kulturelle wie gastronomische Empfehlungen. Kombiniert mit detailreichen und informativen Wasserwanderkarten erhält man so einen umfassenden Tourenführer an die Hand, der alle Fragen für die sowohl individuell durchgeführte, als auch organisierte Kanutour zuverlässig beantwortet.

Wenn Sie berücksichtigen, dass nur der Buchumschlag mit wasserabweisender Strukturfolie versehen ist und das ansonsten nicht „wasserfeste" Buch in einer Kartentasche oder wasserdichten Tonne am besten aufgehoben ist, werden Sie lange Ihre Freude daran haben. Denn wer einmal auf diesen herrlichen Wildflüssen unterwegs war, wird sicherlich gerne wiederkommen.

Ihr Alfons Zaunhuber

Das Kanu

Kanu ist der Oberbegriff für alle Boote ohne befestigtes Ruder, also sowohl Canadier als auch Kajaks.

Das **Kajak** ist meist bis auf eine kleine Luke geschlossen, wird mit einem Doppelpaddel gefahren und ist insbesondere für kleine, schnelle Flüsse und wegen seines windschlüpfrigen Verhaltens für größere Seen geeignet. Der Nachteil liegt darin, dass die Zuladung beschränkt, das Ein- und Aussteigen umständlich und die Sitzposition durch die Bauweise vorgegeben ist. Kajaks gibt es generell für ein oder zwei Personen, während im Canadier auch eine vierköpfige Familie Platz findet.

Der **Canadier** eignet sich insbesondere für Wandertouren und bietet mehreren Personen mit Gepäck Platz. Er wird mit dem Stechpaddel bedient, ist offen und besticht durch sein großzügiges Raumangebot und das einfache Beladen, Ein- und Aussteigen; Kinder können sich in ihm freier bewegen. Auch für den, der das Kanu durch ein Stechpaddel antreibt, bieten sich im Sitzen mit angewinkelten oder gestreckten Beinen oder kniend variantenreiche Sitzpositionen, die ein ermüdungsfreieres Paddeln ermöglichen. Die größere Kippstabilität wird vom Anfänger als angenehm empfunden. Sein Nachteil liegt eindeutig bei der größeren Windanfälligkeit.

Luftboote bieten ein minimales Packmaß, aber maximalen Spaß. Aufpumpen und schon geht es los. Transport und Lagerung sind unkompliziert, ein Dachträger ist nicht erforderlich. Luftboote gibt es in unterschiedlichen Formen und Preislagen und sie entsprechen dem Trend der Zeit. Die kleinsten Vertreter in diesem Segment sind Rucksackboote mit weniger als 3 kg Gewicht und, wie fast alle Luftboote, sehr gutmütig im Fahrverhalten.

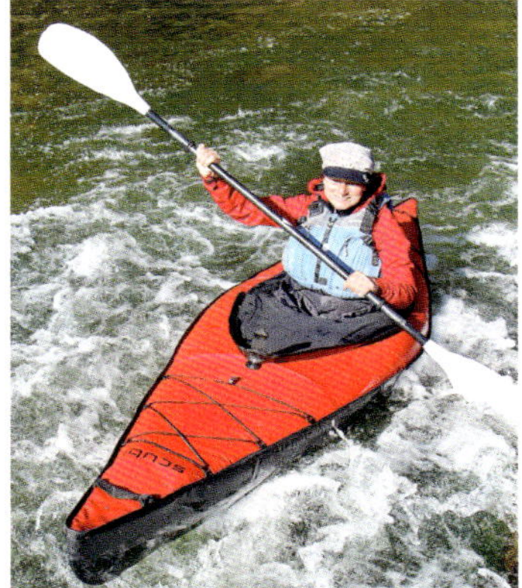

Tipp Faltrad: Wer mit dem Canadier unterwegs ist und auch an Land mobil sein möchte (z.B. „Zurück zum Pkw"), sollte in Erwägung ziehen, ein Faltrad mitzunehmen. Durch optimierte Falt-Scharniere wird aus dem Fahrrad innerhalb weniger Sekunden ein kleines, handliches Paket.

Zum notwendigen Zubehör gehören:

- **Paddel.** *Doppelpaddel* sollten eine Länge von ca. 220–240 cm haben, während das im Canadier verwendete *Stechpaddel* beim Stehen bis unters Kinn reichen sollte. Für Kinder darf es ruhig etwas länger sein. Kunststoffpaddel sind zwar pflegeleichter als Holzpaddel, die aber sind vom Material her sympathischer.

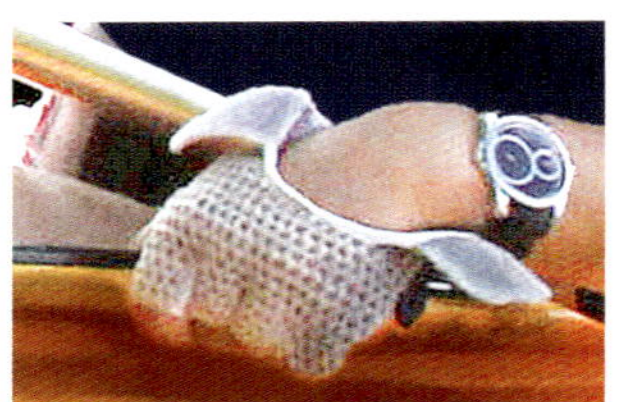

Tipp: Paddel- oder einfache Radhandschuhe schützen empfindliche Hände vor Blasen.

- **Reservepaddel.** Muss in jedem Kanu griffbereit, aber sicher befestigt vorhanden sein. Noch wichtiger ist dies bei Solopaddlern, da sie manövrierunfähig werden, wenn das Paddel über Bord geht.
- **Rettungsweste.** Kein Kind darf ohne ohnmachtssichere Rettungsweste ins Boot. Sie hat einen Kragen, der den Kopf über Wasser hält und so wirklich vor dem Ertrinken schützt.
- **Schwimmweste.** Jeder Erwachsene sollte sie tragen (auch als Vorbildfunktion). Wie die Rettungsweste auch, muss sie dem Körpergewicht des Trägers angepasst sein.
- **Wurfsack.** Zum Retten eines Schwimmers vom Ufer aus. Der Nylonbeutel mit einem Auftriebselement und etwa 20 Meter Seil ist immer dabei, egal ob Wildwasser oder Wanderfahrt.
- **Bootswagen.** Ist für längere Landtransporte unverzichtbar. Wer sich einen zulegt, sollte gleich auf gute Verarbeitung achten. Er muss stabil, das Rohrgestell verschweißt statt genietet und zusammenklappbar sein, breite Räder und eine Stütze haben, so dass er auch von nur einer Person beladen werden kann.
- **Praktisches:**

  Leinen zum Festmachen und Halten des Kanus.

  Spanngurte zum Sichern der Säcke und Tonnen.

  Ein *Schwamm* zum Säubern und „Entwässern" des Kanus.

  Ein *Schloss* (z. B. Spiralfahrradschloss) zum Sichern des Kanus am Ufer bei Besichtigungen oder festen Unterkünften.

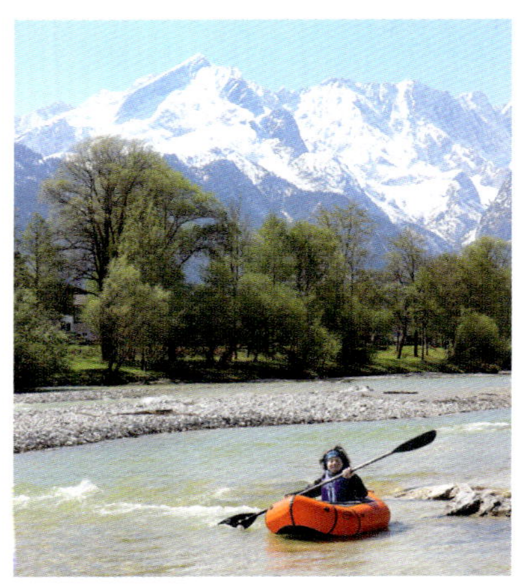

Kanu mieten

Zu Anfang ist es sinnvoll, sich ein Kanu zu mieten. Daher nennen wir in diesem Buch im Adressteil Kanuvermieter und Tourenveranstalter.

Idealerweise ist bei der Auswahl eines Kanuvermieters / Veranstalters darauf zu achten, dass er Mitglied im ***Bundesverband Kanu e. V.*** (BVKanu) ist. Die Mitglieder garantieren Qualität und qualifizierte Mitarbeiter, Sicherheit und fachkundige Einweisung sowie einen Einsatz für den Naturschutz im Kanutourismus. Auch das ***Qualitätssiegel QMW Kanu*** steht für besonders gute Qualität und Sicherheit bei Anbietern.

Vereinsmitgliedschaft

Kanufahren zeichnet sich zwar durch Individualität aus, aber nicht immer fühlt man sich alleine auf dem Wasser wohl. Die Mitgliedschaft im ***Deutschen Kanu-Verband*** (DKV), oder für Touren in diesem Buch im ***Bayerischen Kanu-Verband*** (BKV) auch als nicht vereinsgebundenes Einzelmitglied, bietet, neben der Teilnahme an gemeinsamen Fahrten, dem Austausch persönlicher Erfahrungen zu Booten & Ausrüstung, auch den Vorteil preisgünstiger Übernachtungen in den ***DKV-Kanustationen***.

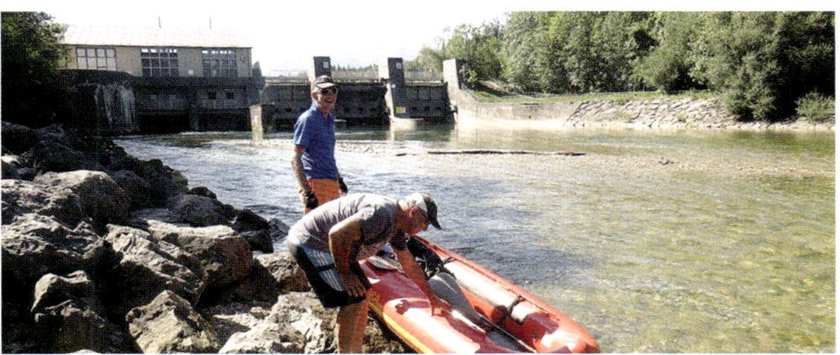

Die Ausrüstung

Für die in diesem Buch beschriebene Tour wird keine teure High-Tech-**Kleidung** benötigt, aber eine gute **Regenjacke und -hose** muss im Gepäck sein. Ansonsten sollte nach dem „Zwiebelprinzip" verfahren werden – mehrere leichte Kleidungsstücke übereinanderziehen.

Fleecepullis mit ihrer hervorragenden Isolationseigenschaft, dem geringen Gewicht und der Tatsache, dass sie im nassen Zustand noch wärmen, aber auch schnell trocknen, sind ideal. Eine **lange Hose aus einem Synthetic-Baumwollgemisch** ist sicher besser als eine Jeans.

Als Schuhe am besten leichte **Schnür-, Sport- oder spezielle Paddlerschuhe**. Für kleine und große Ausflüge haben wir zusätzlich **Wanderschuhe** dabei und für Besichtigungen machen wir uns „stadtfein".

Da die Sonneneinstrahlung auf Wasserflächen sehr intensiv ist, dürfen ein **Sonnenschutz für den Kopf** und eine **Sonnenbrille** nicht fehlen.

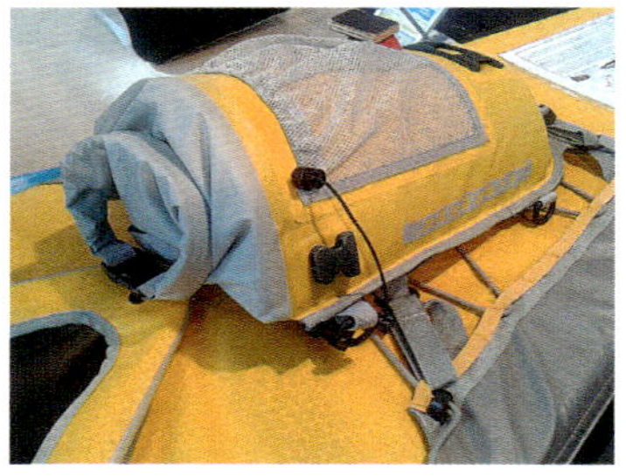

All die hier genannten Ausrüstungsgegenstände finden Platz in wasserdichten **Weithals-Tonnen** mit Schraubdeckel sowie **Packsäcken** (wir finden transparente optimal), die durch ein „Roll-/Steckverschluss-System" wasserdicht verschlossen werden. Mehrere kleine sind idealer als wenige große! Die meisten Kanuvermieter händigen wasserdichte Tonnen vor Antritt der Fahrt aus. Ist man jedoch mit dem eigenen Kanu unterwegs und scheut zu Anfang die für mehrere Säcke/Tonnen recht hohen Anschaffungskosten, tun es zu Beginn auch stabile Plastik- oder Müllsäcke, die gut verschlossen werden.

Eine **wasserdichte Kartentasche** hat sich für uns sehr bewährt.

Viele der beschriebenen Streckenabschnitte lassen sich so planen, dass mit wenig Gepäck **von Gasthof zu Gasthof** gepaddelt werden kann. Ein **Zelt**, ein **Schlafsack** und eine **Isomatte** sollten jedoch immer mit dabei sein. Denn wer weiß schon, ob er sein Tagesziel auch erreicht oder ein Gewitter die ganze Planung über den Haufen wirft.

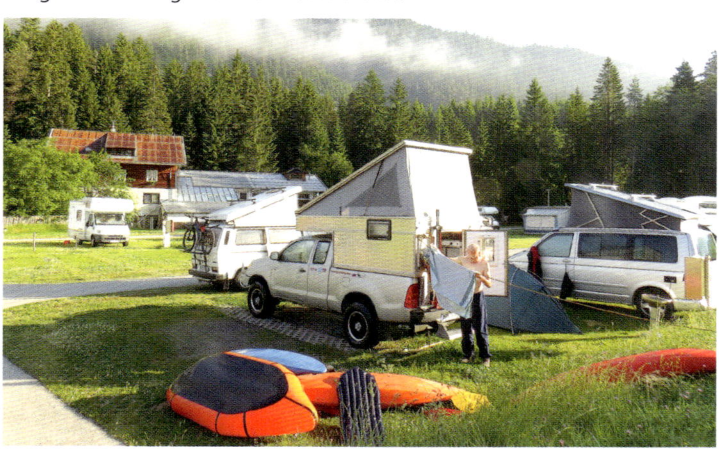

Will man nicht auf seinen morgendlichen Kaffee oder Tee oder die Spaghetti am Abend verzichten, muss ein **Campingkocher** mit auf Tour.

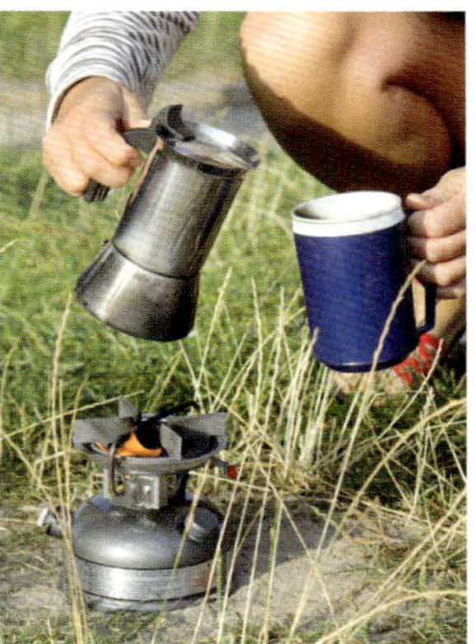

Folgende Typen sind zu unterscheiden:

- **Benzinkocher.** Hat den höchsten Heizwert. Benzin ist überall zu bekommen und billig.
- **Gaskocher.** Nicht so hoher Heizwert, jedoch sauberes Verbrennen. Teure Kartuschen.
- **Multifuelkocher.** Guter Heizwert. Ist mit fast jedem Flüssigbrennstoff zu betreiben und sehr leicht.
- **Petroleumkocher.** Hoher Heizwert, jedoch Geruchsbelästigung, die, anders als beim Benzin, nicht „verfliegt".
- **Spirituskocher.** Sind leicht und einfach zu handhaben. Relativ geringer Heizwert.

Als **weitere Küchenausstattung** empfehlen wir ein Kochset, bestehend aus zwei oder drei verschieden großen, ineinander gestellten **Kochtöpfen** (2 L, 1,5 L, 1 L) mit zwei verschieden großen Deckeln, die gleichzeitig als **Pfannen** dienen sowie einem **Wasserkessel**. Eine **Espressokanne** ist für den morgendlichen Kaffee ideal.

Außerdem sind immer mit dabei: Tiefe und flache **Teller** (oder Müslischüsseln), **Besteck, Wassersack** (mit Frischwasser), **Thermoskanne, Thermobecher, kleines Schälmesser, Schneidebrettchen, evtl. Alufolie, Geschirrtuch, Spülmittel & -schwamm** und eine **Faltschüssel**.

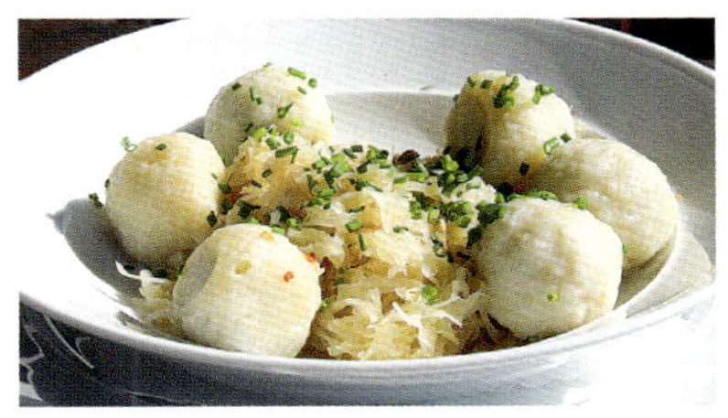

Man kann die Campingküche aber auch getrost zu Hause lassen, denn auf allen Touren findet sich entlang der Ufer ein breites **gastronomisches Angebot für jeden Geschmack** von der Dönerbude bis zum Nobelrestaurant.

Weitere nützliche Ausrüstungsgegenstände:
Klappspaten, Toilettenpapier, Erste-Hilfe-Set, Waschzeug, Sonnenbrille, Sonnen- & Insektenschutz, Taschenmesser, Taschenlampe (Stirnlampe), Fernglas, Schreibutensilien, Tagesrucksack.

Schlagrichtung des Paddlers 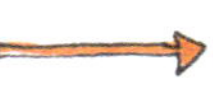 Bewegungsrichtung des Kanus 

Die beschriebenen Paddelschläge können und sollen miteinander kombiniert werden. Zur korrekten Ausführung wird das Paddel im Prinzip nicht durch das Wasser „gezogen“, sondern soll annähernd stationär bleiben und das Kanu über das Wasser bewegt werden. Hierbei wird eine optimale Kraftausbeute angestrebt. Bei einem sehr gut ausgeführten Paddelschlag gibt es keine Verwirbelungen und kaum Wellen am Paddelblatt.

Kajak-Fahrschule

Allgemeines

In der Regel sind die beiden Blätter eines Doppelpaddels gegeneinander verdreht. Bei den üblichen rechtsgedrehten Paddeln umfasst die rechte Hand den Schaft so, dass das rechte Paddelblatt senkrecht ins Wasser eingetaucht werden kann. Die linke Hand umfasst den Paddelschaft nur locker und nach jedem Paddelschlag wird das Paddel mit der rechten Hand so gedreht, dass das aktive Blatt senkrecht ins Wasser gesetzt werden kann (bei linksgedrehten Paddeln gelten die Hinweise entsprechend seitenvertauscht). Stellen Sie die Fußstützen des Kajaks so ein, dass Sie bequem sitzen und gleichzeitig einen guten Bootskontakt mit den Oberschenkeln haben. Bei Kajaks mit Fußsteuerung den Abstand der Pedale so wählen, dass Sie mit leicht angewickelten Beinen im Boot sitzen und genügend Spielraum nach vorne haben, um das Pedal durchzutreten und das Steuer bewegen zu können.

Einsteigen

Kanu parallel zum Ufer ausrichten, bei starker Strömung mit dem Bug (=Bootsspitze) gegen die Strömungsrichtung. Zum Einsteigen das Boot mit der sogenannten „Paddelbrücke“ stabilisieren: Paddel im rechten Winkel zum Boot über Süllrand (=Bootsrand) und Ufer oder Steg legen; mit einer Hand Süllrand und Paddel fassen und mit der anderen Hand das Paddel aufs Ufer drücken. Zum Einsteigen das Gewicht über das Paddel verlagern und mit dem bootsseitigen Fuß zuerst einsteigen. Anschließend möglichst rasch hinsetzen, d. h. im Kajak gleich auf den Sitz rutschen, um einen tiefen Schwerpunkt zu erzielen und die Stabilität des Kanus zu erhöhen.

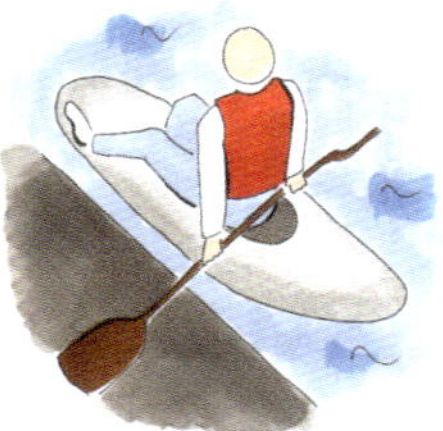

Spritzdecke

Spritzdecke zunächst hinter dem Körper um den Süllrand legen und von hinten nach vorne schließen; abschließend nach vorne über den Süllrand ziehen. Dabei unbedingt darauf achten, dass die Lasche vorne herausguckt, um die Spritzdecke im Falle einer Kenterung leichter öffnen zu können.

Paddelhaltung Doppelpaddel

Das Paddel in beide Hände nehmen und auf den Kopf legen. Die optimale Griffbreite ist erreicht, wenn der Winkel zwischen Ober- und Unterarm ein wenig kleiner als 90 Grad ist.

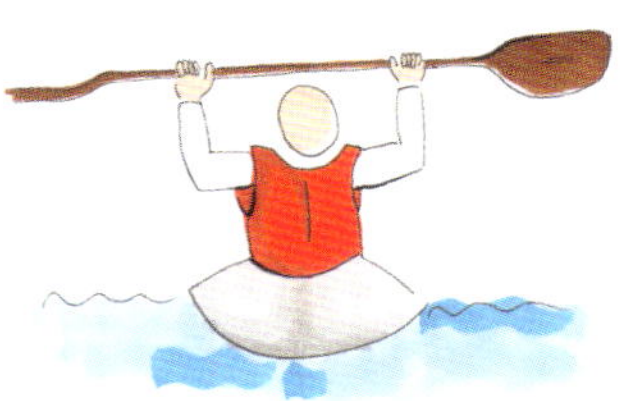

Grund- und Treibschlag

Mit leicht nach vorne gebeugtem Oberkörper Paddel vorne, dicht neben der Bootswand einsetzen. Die „Zughand" zieht das Paddel parallel am Boot entlang nach hinten, während die „Druckhand" das sich in der Luft befindliche Blatt nach vorne drückt. Die Bewegung nicht allein mit den Unterarmen ausführen, sondern zur Unterstützung bei gestrecktem Arm den Oberkörper mitdrehen. Ist das aktive Paddelblatt knapp hinter der Sitzposition, den Zug stoppen und die Seite wechseln.

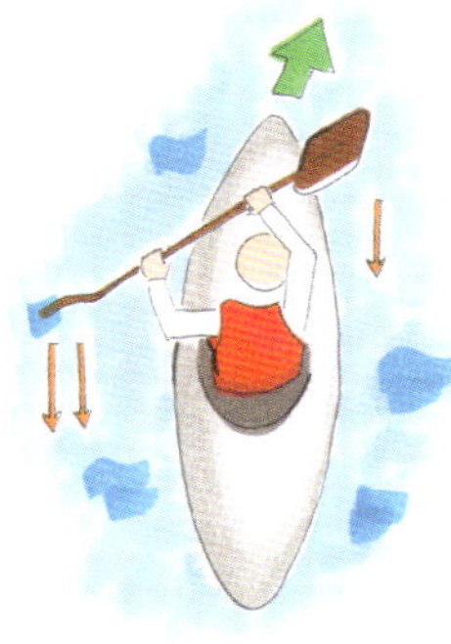

Steuern

Wird der Paddelschlag auf der linken Seite stärker ausgeführt, dreht der Bug nach rechts – und umgekehrt. So können Sie das Boot – ganz ohne die ebenfalls erhältlichen Fußsteueranlagen – auf Kurs halten. Sind starke Kursänderungen erforderlich, erreichen Sie diese mit dem Bogenschlag. Beim Ab- und Anlegen mit Kajaks die über eine Steueranlage verfügen unbedingt daran denken, das Steuer rechtzeitig einzuklappen, um es nicht zu verbiegen.

Ziehschlag

Steuerschlag, um das Boot seitlich zu versetzen; dazu das Paddelblatt möglichst weit entfernt senkrecht zur Längsachse und parallel zum Boot ins Wasser tauchen und nicht zu dicht, an die Bootswand heranziehen und nach oben aus dem Wasser nehmen. Dabei darauf achten, dass das Paddelblatt nicht unter den Bootskörper gezogen wird, da dies zum Kentern führen kann.

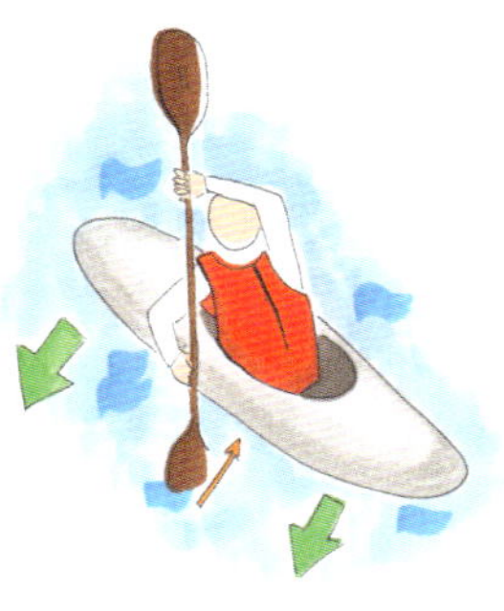

Bogenschlag

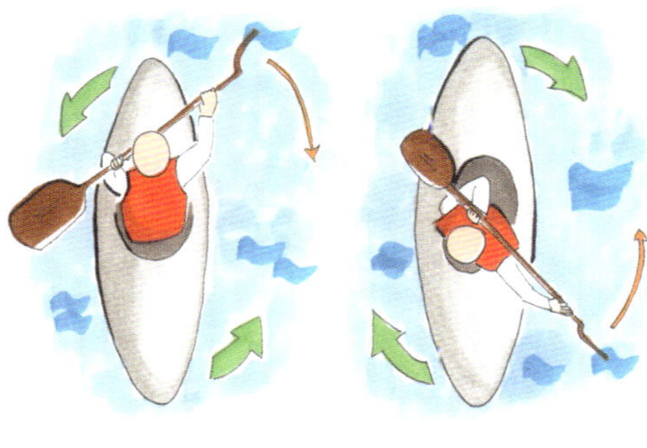

vorwärts rückwärts

Steuerschlag, um das Boot zu drehen: vorwärts ausgeführt, dreht er das Boot weg von der Schlagseite. Dazu das Paddel möglichst weit vorne und dicht am Boot eintauchen und das Paddelblatt flach unter der Wasseroberfläche in einem weiten Halbkreis um das Boot bis nahe ans Heck führen. Je größer der Radius, desto stärker die Steuerwirkung. Um das Kanu abzubremsen und gleichzeitig eine Kurskorrektur zur Paddelseite hin durchzuführen, können Sie den Bogenschlag rückwärts ausführen.

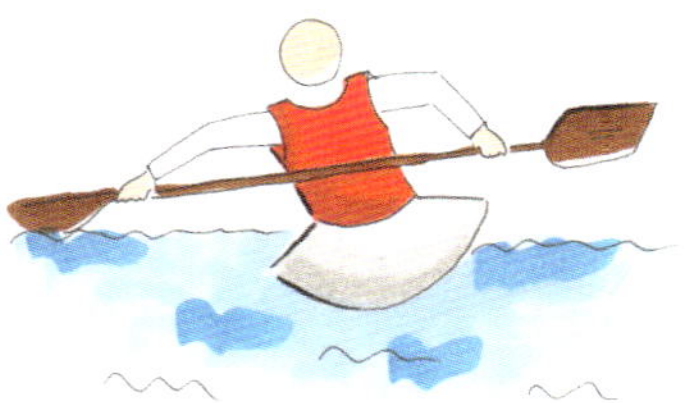

Paddelstütze

Stabilisierungsschlag, bei dem das Paddel als Ausleger genutzt wird, um das Kentern zu verhindern; dazu einfach das Paddel auf der Seite, zu der das Boot zu kippen droht, soweit wie möglich nach außen flach auf das Wasser drücken.

Allgemeines

Auf dem hinteren Sitz nimmt in der Regel der erfahrenere oder kräftigere Paddler Platz. Er gibt im Flachwasser die grobe Richtung vor, der Vordermann versucht ihn zu unterstützen. Der Vordermann gibt die Schlagzahl vor; achten Sie darauf, einen möglichst gleichmäßigen Schlagrhythmus einzuhalten, um ein „Aus-dem-Ruder-laufen" zu vermeiden. Je nach Ausdauer kann ein gelegentlicher Wechsel der Paddelseiten stattfinden, der von beiden nach Absprache gleichzeitig durchgeführt wird. Der Vordermann hat stets die Aufgabe auf Hindernisse, die direkt vor dem Canadier auftauchen, aufmerksam zu machen.

Einsteigen

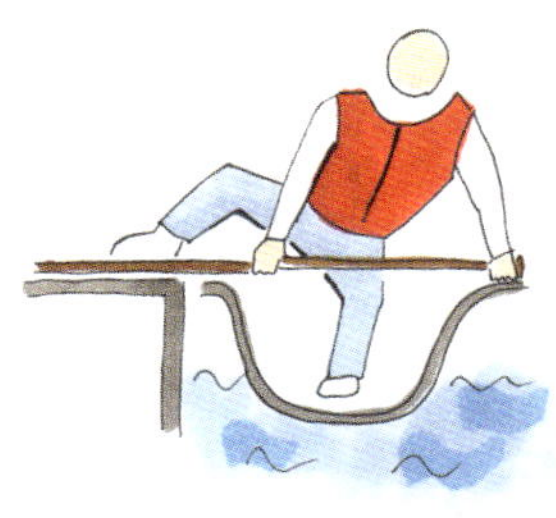

Kanu parallel zum Ufer ausrichten, bei starker Strömung mit dem Bug (=Bootsspitze) gegen die Strömungsrichtung. Zum Einsteigen das Boot mit der sogenannten „Paddelbrücke" stabilisieren: Paddel im rechten Winkel zum Boot über Süllrand (=Bootsrand) und Ufer oder Steg legen; mit einer Hand Süllrand und Paddel fassen und mit der anderen Hand das Paddel aufs Ufer drücken. Zum Einsteigen das Gewicht über das Paddel verlagern und mit dem bootsseitigen Fuß zuerst einsteigen. Anschließend möglichst rasch hinsetzen oder beim Canadier auch möglich, eventuell hinknien, um einen tiefen Schwerpunkt zu erzielen und die Stabilität des Kanus zu erhöhen.

Aussteigen

Wie Einsteigen, nur in umgekehrter Reihenfolge.

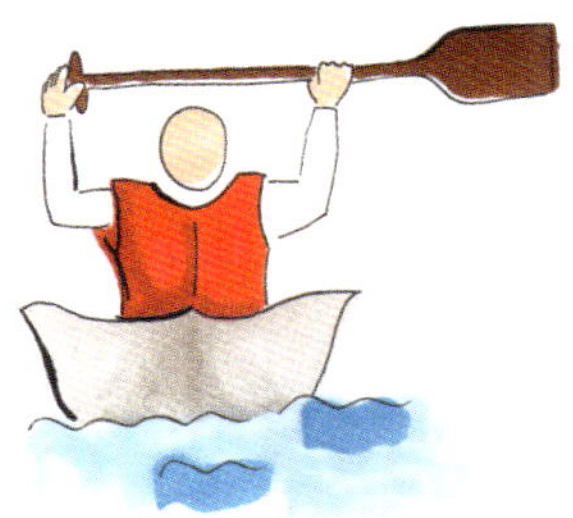

Paddelhaltung Stechpaddel

Eine Hand fasst den Paddelknauf, hierbei wird der Griff von oben wie beim Spaten umfasst. Die andere Hand umgreift den Paddelschaft, so dass Ober- und Unterarm einen Winkel von 90 Grad bilden.

Grund- und Treibschlag

Das ganze Paddelblatt wird senkrecht ins Wasser getaucht und parallel zum Boot (in Bootslängsachse) bis etwa auf Körperhöhe durchs Wasser gezogen. Dabei wird mit dem unteren Arm gezogen, während der obere Arm drückt; gleichzeitig wird der Oberkörper etwas nach vorne geneigt und mitgedreht. Stimmen Vorder- und Hintermann ihren Grundschlag aufeinander ab, bewegt sich der Canadier kursstabil geradeaus. Paddelt nur einer, bewegt sich das Kanu der paddelabgewandten Seite zu.

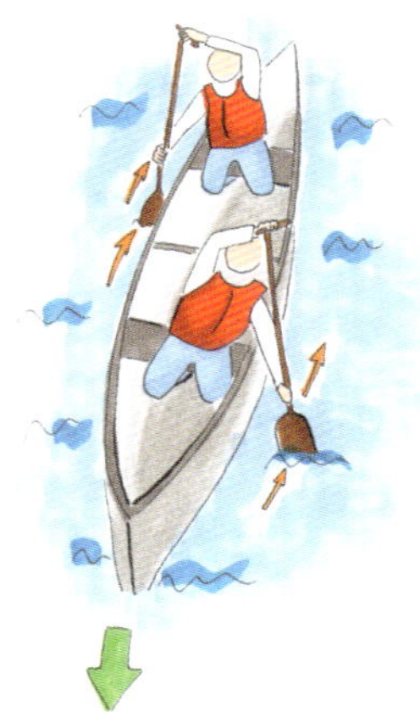

Steuern oder J-Schlag (nur Hintermann)

Dabei wird das Paddel zuerst wie beim Grundschlag geführt, am Körper vorbei in einer Bogenbewegung mit der wasserverdrängenden Paddelseite vom Boot weggedrückt. Dabei zeigt der Daumen der Hand am Paddelknauf nach unten und der Handrücken nach außen. Der Vordermann kann weiterhin den Grundschlag ausführen oder die Drehbewegung mit einem Bogenschlag verstärken. Der J-Schlag ist besonders vorteilhaft für Solocanadier, da er das „Aus-dem-Ruder-laufen" bei der normalen Geradeausfahrt verhindert.

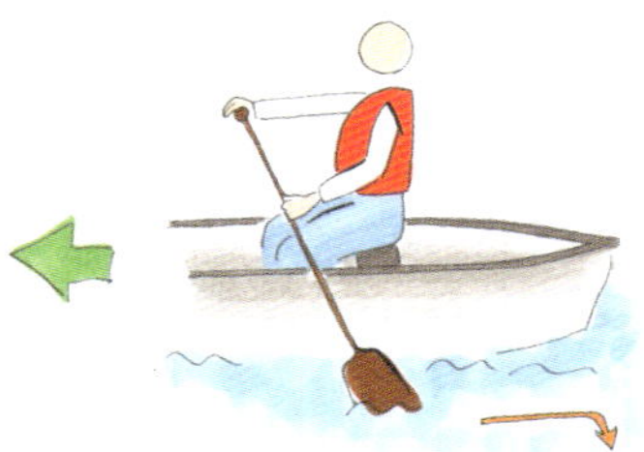

Ziehschlag

Steuerschlag, um das Boot seitlich zu versetzen; dazu das Paddelblatt möglichst weit entfernt senkrecht zur Längsachse und parallel zum Boot ins Wasser tauchen und, nicht zu dicht, an die Bootswand heranziehen und nach oben aus dem Wasser nehmen. Dabei darauf achten, dass das Paddelblatt nicht unter den Bootskörper gezogen wird, da dies zum Kentern führen kann.

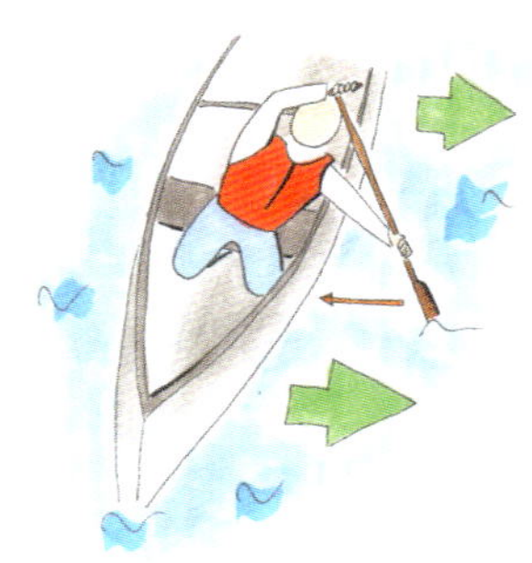

Bogenschlag

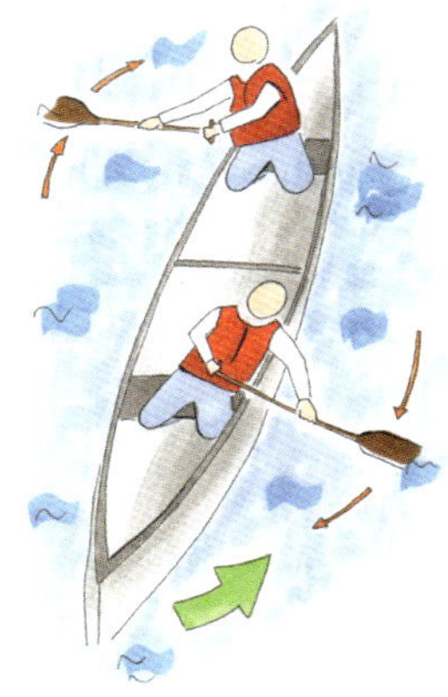

Steuerschlag, um das Boot zu drehen. Um einen ZweierCanadier auf der Stelle zu drehen, führt der Vordermann den Bogenschlag vorwärts und der Hintermann den Bogenschlag rückwärts aus (oder umgekehrt, aber immer gegenläufig). Vorne vorwärts: das Paddel möglichst weit vorne und dicht am Boot eintauchen und das Paddelblatt flach unter der Wasseroberfläche in einem Viertelskreis bis auf Körperhöhe führen. Hinten rückwärts: Beginn nahe am Heck des Bootes und das Paddelblatt von hinten nach vorne im Viertelskreis bis auf Körperhöhe führen. Dies dreht das Boot weg von der Paddelseite des Vordermanns. Zum Drehen zur anderen Seite werden die Schläge genau gegenläufig durchgeführt: vorne rückwärts, hinten vorwärts. Jeweils gilt, je größer der Radius, desto stärker die Steuerwirkung.

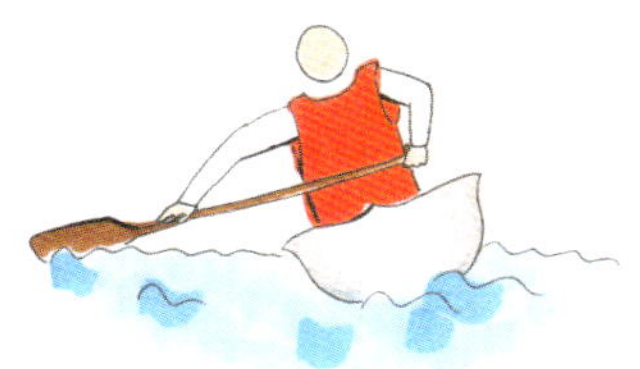

Paddelstütze

Stabilisierungsschlag, bei dem das Paddel als Ausleger genutzt wird, um das Kentern zu verhindern; dazu einfach das Paddel auf der Seite, zu der das Boot zu kippen droht, soweit wie möglich nach außen flach auf das Wasser drücken.

Weiterführende Literatur

Kanu-Handbuch, *Praxis-Ratgeber,* Verlag Reise Know-How.

Outdoor Basixx „Kanuwandern" & „Solo im Kanu", Conrad Stein Verlag.

„Stechpaddel Fahrschule", „Wildwasserfahren", Thomas Kettler Verlag.

Infos zum für Sie nächstgelegenen Kanukurs bekommen Sie bei

Bundesverband Kanu e.V., c/o BVWW, Gunther-Plüschow-Str. 8, 50829 Köln, Tel. +49 (0)221 59 57 10, www.bvkanu.de

Deutscher Kanu-Verband e.V., Bertaallee 8, 47055 Duisburg, Tel. +49 (0)203 99 75 90, www.kanu.de

Tipps zum Kanuwandern auf Isar und Loisach

Generell ist die Loisach einfacher zu befahren als die Isar. Die Loisach ist ein klassischer Wanderfluss der nur vereinzelt WW I-Passagen oder Wehre, bzw. Sohlrampen als Gefahrenstellen aufweist.

Wer zeitig im Frühjahr oder bei kalter Witterung unterwegs ist, sollte mit schneller Strömung und eiskaltem Wasser rechnen und **Neoprenschutzkleidung** tragen sowie wegen scharfkantiger Steine **Kajakschuhe** oder zumindest **Trekkingsandalen** mit Riemen verwenden, damit diese auch noch im Falle einer Kenterung am Fuß halten. Dies gilt erst recht auf der Isar, die auf der gesamten Fahrstrecke in regelmäßiger Folge WW I, vereinzelt WW II-Stellen aufweist. Hier sind vor allem enge Kurven mit Baumhindernissen eine nicht zu unterschätzende Gefahr (selbst bei Niedrigwasser).

Für weniger erfahrene Paddler und für Kinder ist das Tragen einer **Schwimm- / Rettungsweste** Pflicht und für Passagen wie dem „Isarburg-Katarakt" oder den Sohlrampen auf der Loisach ist ein **Helm** absolut notwendig. Allerdings sind die genannten Stellen auch problemlos zu umtragen. **Kinder sollten auf der Isar generell einen Helm tragen**.

Ein **Wurfsack** erleichtert das Retten eines Schwimmers vom Ufer aus. Der Nylonbeutel mit Auftriebselement und etwa 20 Meter Seil sollte immer griffbereit sein, egal ob im Wildwasser oder auf Wanderfahrt.

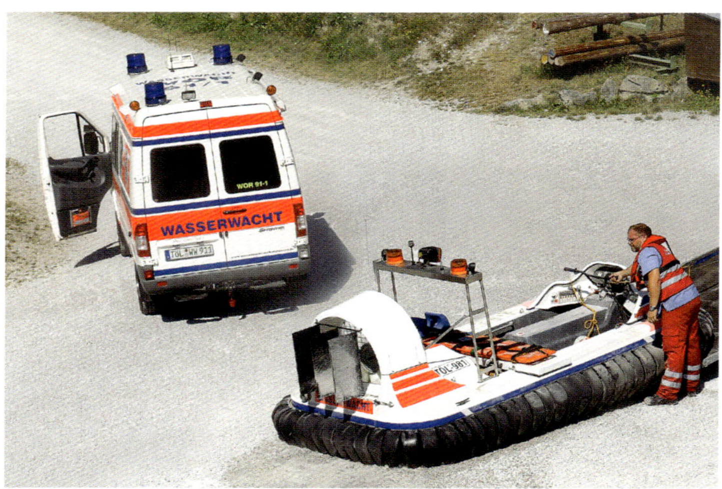

In der Vergangenheit musste die Wasserwacht immer mal wieder Paddler retten, die bei Hochwasser auf dem Fluss unterwegs waren

Kamera, Handy und Wertgegenstände müssen unbedingt **wasserdicht verpackt** und zusammen mit trockener **Ersatzkleidung** so im Boot verstaut und gesichert werden, dass ein Verlust nicht möglich ist.

Auf beiden Gewässern sind Kajaks oder Kanu/Canadier-Modelle zu verwenden, die auch noch im leichten Wildwasser um enge Kurvenhindernisse zu manövrieren sind.

Eine **Spritzdecke** vermeidet ständiges Wasserschöpfen in Schwallstrecken oder bei Regen.

Verhalten auf dem Wasser

Mit den folgenden Umwelttipps und Regeln hat man einen guten Leitfaden zur Hand und die herrliche Natur an Isar und Loisach bleibt auch kommenden Paddlergenerationen erhalten.

- Starten oder beenden Sie eine Kanutour nur an den ausgewiesenen Ein- und Ausstiegsstellen, bzw. an trittsicheren Plätzen die keinen Schaden an der Natur zur Folge haben. Wollen Sie ein eigenes Kanu auf dem Gelände eines Bootsvermieters oder Campingplatzes zu Wasser lassen, so gehört es zum guten Ton, vorher um Erlaubnis zu fragen.
- Nutzen Sie zum Anlegen und Rasten nur die dafür vorgesehenen Plätze wie z.B. Bootsrastplätze, die Anleger der Gasthäuser oder Wehre und andere befestigte Ausstiege, die nicht im Privatbesitz sind, um unnötige Beschädigungen der empfindlichen Ufer zu vermeiden.
- Meiden Sie Schilfgürtel (Kochelsee) und bewachsene Kiesbänke – es sind wichtige Lebensräume für Wasservögel. Fahren Sie möglichst mit den Booten hintereinander und in Flussmitte, dort wo das Wasser am tiefsten ist.
- Alle Schutzzonen sind auf beiden Gewässern ausgeschildert. Die Einhaltung der entsprechenden Bestimmungen ist selbstverständlich.
- Beobachten Sie Tiere nur aus der Entfernung. Für Naturbeobachtungen empfiehlt sich ein Fernglas. Vermeiden Sie auf jeden Fall Lärmbelästigungen in sensiblen Zonen.
- Vermeiden Sie die Befahrung von flachen Gewässerabschnitten und achten Sie stets auf ausreichend Wassertiefe. Muscheln am Gewässergrund leiden unter Grundberührung von Bootsrumpf und Paddel.
- Wildzelten ist nicht zu verantworten – zu groß ist die damit verbundene Belastung der Natur. Entlang von Isar und Loisach finden sich Campingplätze und preiswerte Unterkünfte, so dass die Übernachtung in Wassernähe kein Problem darstellt.
- Entfachen Sie nur an den dafür freigegebenen Feuerstellen ein Lagerfeuer und beachten Sie die aktuellen Brandwarnstufen.
- Paddeln Sie an Anglern in gebührendem Abstand vorbei und verhalten Sie sich ruhig.

Blick auf die Region

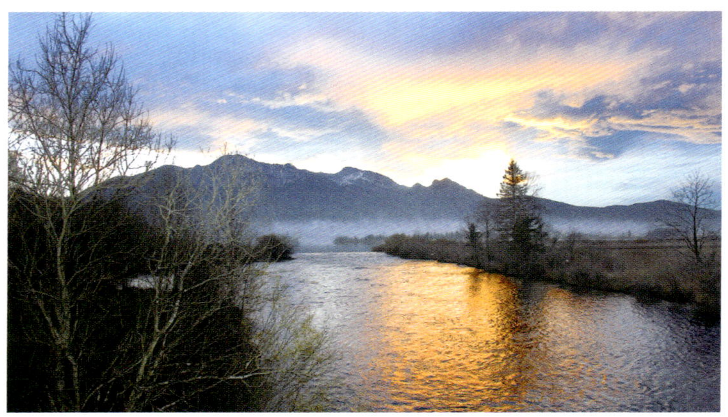

Loisach bei Kochel mit Herzogstand und Heimgarten

Die **Isar**, ein rechter Nebenfluss der Donau, mit einer Gesamtlänge von 283 Kilometern, entspringt im Karwendelgebirge nahe Scharnitz, im autofreien Hinterautal. Mehrere glasklare Quellen sprudeln auf 1.162 Meter Seehöhe aus dem Boden. Bald poltert die junge Isar durch eine felsige Schlucht und fließt an **Scharnitz** und **Mittenwald** vorbei. Zwischen **Wallgau** und dem **Sylvensteinspeicher** durchströmt die Obere Isar ein besonders naturbelassenes Alpental das Kenner als „Klein-Kanada" bezeichnen. Nach dem fjordartigen Sylvenstein-Speichersee geht es nordwärts vorbei an **Lenggries** und **Bad Tölz**. Hier verlässt die Isar die bayerischen Alpen, behält ihren Wildflusscharakter aber bis in die Landeshauptstadt **München** bei. Ihr Name hat indogermanische Wurzeln und bedeutet so viel wie „fließendes Wasser". Schon in vorgeschichtlicher Zeit und später von den Römern wurden auf dem „Handelsweg Fluss" mit Flößen Waren aus Italien und dem Alpenraum zur Donau transportiert.

Auf halbem Weg, nahe der Flößerstadt Wolfratshausen, nimmt die Isar die **Loisach** auf. Diese entspringt im Umfeld des Ehrwalder Beckens in Tirol, fließt an Deutschlands höchstem Berg, der Zugspitze, vorbei nach **Garmisch-Partenkirchen** und schlängelt sich durch das bezaubernde „Blaue Land" um **Murnau** und **Kochel**. Nach dem Austritt aus dem **Kochelsee** verlässt sie die Berge und strömt an kleinen Orten wie **Beuerberg** und **Eurasburg** vorbei und gelangt schließlich nach **Wolfratshausen**, wo sie in die Isar mündet. Sowohl der „Isarwinkel" als auch das „Blaue Land" (eine Region, die durch die Malergruppe „Der Blaue Reiter" mit den

Künstlern Wassily Kandinsky, Franz Marc oder Gabriele Münter berühmt wurde), bieten eine hervorragende touristische Infrastruktur. Dennoch ist hier vom Massentourismus nichts zu merken. Nur an Feiertagen und in Ferienzeiten spürt man etwas stärkeren Andrang, vor allem aus der nahen Landeshauptstadt München.

Für Kanu- & SUPsportler bieten sich neben Isar und Loisach noch einige kleinere Fließgewässer an, aber auch die reizvollen Alpen- und Voralpenseen locken zum Kanufahren. Besonders hervorzuheben sind der *Eibsee, Staffelsee, Kochel- und Walchensee*. Der Walchensee mit seinen verlässlich wehenden thermischen Winden ist vor allem bei Surfern sehr beliebt. Wanderer und Bergsportler kommen fast überall auf ihre Kosten und beide Flüsse werden von gut ausgebauten Radwegen begleitet.

Kulturell hat die ganze Region extrem viel zu bieten. Im *Murnauer Schloßmuseum*, im *Franz Marc Museum* in Kochel oder im *Künstlerhaus am Lenbachplatz* in München begibt man sich auf Spurensuche zu den Werken der berühmten Maler. Die verschiedenen *Heimatmuseen* entlang der Flüsse widmen sich unter anderem der alten Flößer-Tradition, schließlich waren Isar und Loisach lange Zeit wichtige Wirtschaftswege. Auf der Isar zwischen Wolfratshausen und München verkehren in den Sommermonaten Flöße für Gaudifahrten mit Blasmusik und reichlich Biergenuß. Alte Bauernhäuser, Mühlen und Almhütten in einem Freigelände auf einer Anhöhe über der Loisach, originalgetreu wieder aufgebaut, kann man im beliebten *Freilichtmuseum Glentleiten* bei Schlehdorf besichtigen. Musikliebhabern sei das *Geigenbaumuseum* in Mittenwald empfohlen und im ältesten *Kloster* Bayerns, in *Benediktbeuern*, entdeckte Carl Orff 1934 Handschriften aus denen er das großartige Liedwerk „Carmina Burana" schuf. In der Nazizeit wurde Orffs Werk mit seinen sinnesfrohen und obszönen Texten als „bayerische Niggermusik" abgelehnt.

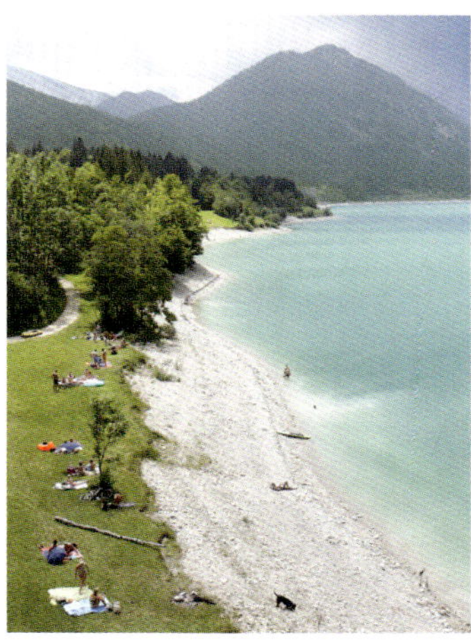

Herrliches Baden im Sylvensteinsee

Natur und Kultur im Überfluss – eine Landschaft, deren Bewohner sich in der überwiegenden Mehrheit absolut wohl fühlen. Dazu kommt eine deftige Regionalküche, oft serviert in urigen Wirtsstuben oder gemütlichen Biergärten.

Wichtiges zu den Touren auf Isar und Loisach

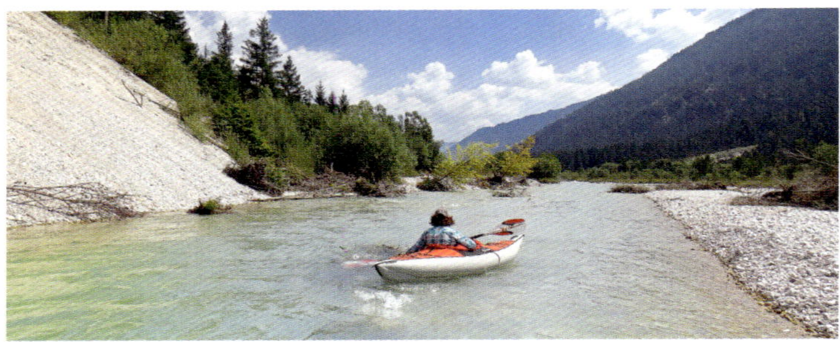

Zwischen Wallgau und Vorderriß fließt die Isar durch eine Landschaft die an Kanada erinnert

Kanufahren auf der Isar

Zum obersten Einstieg einer Wildwasserfahrt durch die Felsschluchten des Hinterautals gelangt man von Scharnitz aus nur per Bustaxi oder, ganz sportlich, mit dem eigenen Bootswagen im Schlepptau.

Diese landschaftlich reizvolle Wildwasserstrecke ist mit ***WW II-III*** nur für erfahrene Wildwasserfahrer mit entsprechender Ausrüstung befahrbar.

Unterhalb Scharnitz über **Mittenwald** und vorbei am herrlich gelegenen Campingplatz Isarhorn bis zum Ausstieg vor der Staustufe **Krün** ist die Fahrt kurzweilig. Jedoch sind zahlreiche aufgelöste Sohlrampen oft nur nach Begutachtung befahrbar und mit bis zu ***WW III*** zu bewerten. ***Das Befahren der Staustufe Krün ist ganzjährig verboten.***

Unser Einstieg befindet sich somit am Isarsteg in **Wallgau** (Mindestpegel). Die Tagestour bis zum Sylvensteinsee ist ein Naturerlebnis, meist ***WW I,*** bei kräftigerem Wasserdurchlauf auch ***WW II*** und nur für Geübte.
Pegelinfo: www.hnd.bayern.de/pegel/isar oder RiverApp

ACHTUNG: Bootsbeherrschung ist erforderlich. Mit Baumhindernissen und ständigen Veränderungen des Flussbetts ist hier und auf der Gesamtstrecke zu rechnen.

Viele Paddler starten unterhalb der Staumauer des **Sylvensteinspeichers** oder in **Lenggries** (Bahnhof). Die meisten Tagesfahrer sind auf der Strecke zwischen **Bad Tölz** und **Schäftlarn** unterwegs.

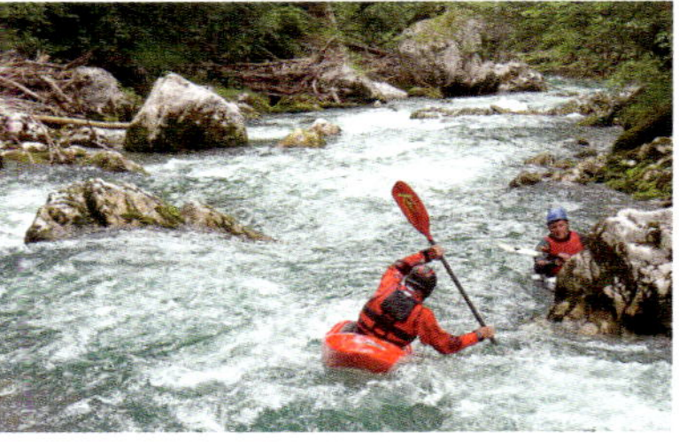

Wildwasserstrecke Griesenschlucht im Oberlauf

Bahnhöfe und der begleitende IsarRadweg erleichtern es, am Tourende zum Fahrzeug zurückzukommen. Angaben zu Bahnhöfen finden Sie im Text, bzw. in der Randspalte.

Neue Isar-Verordnung – seit 2019 gelten neue Befahrungsregeln

Der Isar-Abschnitt Sylvensteinspeicher bis Bad Tölz darf nur vom 1. Juni - 15. Oktober befahren werden.

Im weiteren Isar-Verlauf zwischen Bad Tölz und Dürnsteinerbrücke bei Schäftlarn ist das Befahren nur vom 1. Juni - 31. Dezember erlaubt.

Einschränkungen: U.a. **Befahrungszeit** nur von 7-20.30 Uhr, **Rettungswestenpflicht** für Kinder unter 12 Jahren und Nichschwimmer, **Promillegrenze** 0,5%, **Musikverbot**, uvm. Bei Verstößen drohen saftige Geldbußen.

Änderungen sind jederzeit möglich, aktuelle Regeln unter:
www.kanu-bayern.de/Umwelt/Gewaesser-Info/Befahrungsregeln

Naturschutz

Seit dem 1.1.1986 ist das *NSG Isarauen von Bad Tölz bis Schäftlarn* durch Verordnung als Naturschutzgebiet unter Schutz gestellt.

Es ist danach insbesondere verboten:

- die gekennzeichneten Wege vom 15.3.-15.10. zu verlassen.
- die gekennzeichneten Vogelschutzbereiche (Kiesbrütergebiete) vom 15.3.-10.8. zu betreten, dort zu baden, zu lagern oder anzulanden.
- Pflanzen oder Pflanzenbestandteile zu entnehmen.
- Feuer anzumachen, zu zelten oder zu übernachten.
- Hunde frei laufen zu lassen.
- gewerbliche Tätigkeiten, einschließlich gewerbliche Schlauchbootfahrten, auszuüben.
- Verstöße werden als Ordnungswidrigkeit geahndet und können mit Geldbuße belegt werden.

*Im **NSG Karwendel und Karwendelgebirge** ist auf der Isar zwischen Krün und Vorderriß insbesondere untersagt:*

- außerhalb der Mautstraße Vorderriß – Wallgau und den ausgewiesenen Parkplätzen zu fahren oder zu parken.
- zu zelten, Feuer zu machen und/oder zu grillen.
- Lebensbereiche der Tiere und Pflanzen zu stören, Pflanzen oder Pflanzenteile zu entnehmen oder zu beschädigen.
- freilebenden Tieren nachzustellen, sie zu fangen oder zu töten.
- Brut- oder Wohnstätten bzw. Gelege fortzunehmen oder zu schädigen.
- nahe von Vogelbrutstätten Ton,- Film- oder Fotoaufnahmen zu machen.
- zu lärmen oder Müll abzulagern.

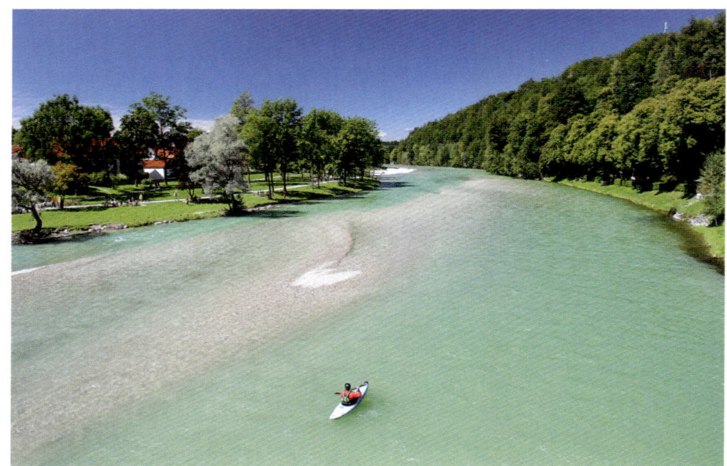

Die smaragdgrüne Isar an der Straßenbrücke am Eingang der Altstadt von Bad Tölz

Kanufahren auf der Loisach

Die Loisach entspringt in Tirol nahe Biberwier. Zwischen Ehrwald und Garmisch-Partenkirchen fließt das spritzige Gewässer vorbei an der Zugspitze durch die Griesenschlucht, eine sehr beliebte und verblockte Wildwasserstrecke (WW III), auf die sich nur ausgebuffte WW-Paddler wagen sollten.

Der Olympiaort **Garmisch-Partenkirchen** bietet die faszinierende Kulisse des Wettersteinmassivs und lohnt einen ausgiebigen Besuch. Im Ortsbereich gibt es einen Campingplatz direkt am Fluss.

Wegen einer bei NW unbefahrbaren Steinwurfbarriere sollte eine Befahrung aber frühestens im Ortsteil Burgrain begonnen werden. Wenig später folgt das links zu umtragende Wehr am südlichen Ortsrand von **Farchant**. Daher wird die Fahrt in der Regel dort an der Straßenbrücke begonnen. Der Bahnhof liegt in Nähe der Einsetzstelle und Autofahrer finden hier immer Parkplätze.

Die Folgestrecke über **Eschenlohe** und **Oberau** wird von Bergen begleitet und führt am Naturschutzgebiet **Murnauer Moos** vorbei nordwärts. Entlang einiger Höhenzüge schwenkt die Loisach bei **Kleinweil** wieder nach Süden um dann bei **Schlehdorf** in den **Kochelsee** zu münden. Unweit von Kochel verlässt sie ihn wieder und streift das **Kochelseemoor**. Später fließt sie an **Benediktbeuern** vorbei weiter nordwärts.

Auf dieser Etappe und auch im weiteren Verlauf nach der **Schönmühler Schleife** trifft man selten Paddler an, dafür häufig Eisvögel, Bachstelzen und auch Silberreiher. **Beuerberg, Eurasburg** und schließlich **Wolfratshausen** sind weitere Stationen dieser Flussreise durch eine reizvolle Voralpenlandschaft die immer wieder großartige Blicke auf die Alpenkette bietet. Bahnhöfe und ein begleitender Radweg erleichtern es am Ende der Tour zum Fahrzeug zurückzukommen. Angaben zu Bahnhöfen finden sich im Text, bzw. in der Randspalte.

Zur Kilometrierung in diesem Buch

Um Ihnen die Nutzung der Wasserwanderkarten und Beschreibung der Tour in diesem Buch zu erleichtern, finden Sie sowohl auf den Karten als auch im Textteil in der Randspalte die jeweiligen **Kilometerangaben**.

Sie können **Entfernungen** leicht in den Karten abmessen: Die Strecke von einem gelben Punkt zum nächsten entspricht 1 km. Alle 5 km sind die Kilometerzahlen auf der Karte im Buch ausgeschrieben.

Die Tour auf der **Isar** startet bei ***km 247,7*** an der Fußgängerbrücke „Isarsteg" in Wallgau. Das Fahrtende an der Thalkirchner Brücke im Süden von München ist bei ***km 152,4.***

Die Loisachtour startet bei ***km 80,7*** an der Straßenbrücke zwischen Farchant und Mühldörfli und mündet bei ***km 0*** in die Isar.

Es handelt sich nicht um eine amtliche Kilometrierung, daher sind die Zahlen bei uns ***blau*** dargestellt. Die Zahlen werden auf den Karten ***schwarz*** dargestellt, wenn es sich um die amtliche Kilometrierung einer Bundeswasserstraße handelt. Dies kommt in diesem Buch nicht vor.

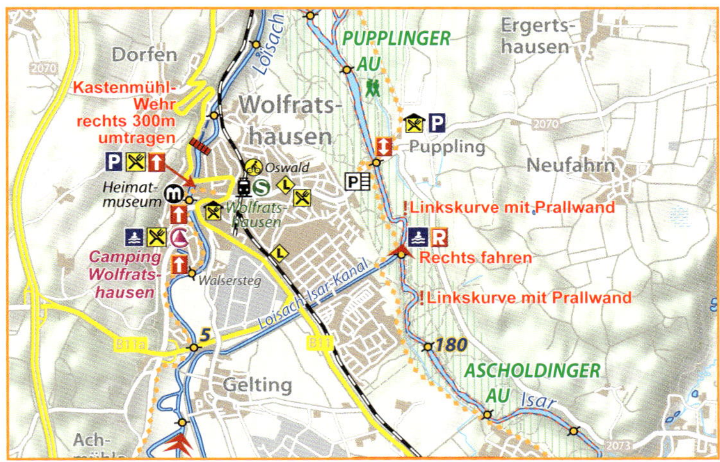

Zu den Touren und Handhabung des Buches

Die vorgeschlagenen **Tagesetappen** sind ca. 15-30 km lang. Wir haben versucht, für Tagesfahrer weitere **Start- und Endpunkt** anzugeben, die zumindest Parkmöglichkeiten bieten, bestenfalls sogar an den öffentlichen Nahverkehr angeschlossen sind, sodass man nach der Tour ohne Probleme zurück zum Startpunkt (Auto) kommt. Wenn Sie Boote bei einem Anbieter mieten, kümmert sich dieser meist um den Rücktransport.

Die **Zeitangaben** verstehen sich ohne Ausflüge, Stadtrundgänge und Besichtigungen. Achten Sie insbesondere beim Paddeln mit Kindern auf **Ruhe- und Pausentage**.

Einige der genannten **Museen**, wie das *Freilichtmuseum Glentleiten*, sind besonders kinderfreundlich. **Tierbeobachtungen** und **Badepausen** sorgen für Abwechslung. **Stadtrundgänge** oder **Wanderungen** sind optimale Möglichkeiten die Region näher kennenzulernen.

Öffnungszeiten sind so dargestellt: (Di-So 10-17), was heißen soll, dass Dienstag bis Sonntag von 10.00 Uhr bis 17.00 Uhr geöffnet ist. Nur in kleinen Orten haben wir auf **Einkaufsmöglichkeiten** hingewiesen.

Die genannten **Übernachtungsmöglichkeiten** liegen immer in Wassernähe. Als „günstig" haben wir Preise für ein Doppelzimmer bis zu 60 Euro bezeichnet, „hochpreisig" beginnt bei 120 Euro.

Ein **Spiral- oder Bügelschloss** im Gepäck ist nicht verkehrt, wenn man sein Kanu mal längere Zeit unbeaufsichtigt liegen lassen will.

Die **Sternchen-Piktogramme** sollen eine schnelle **Einschätzung der Tour** geben – wir haben Sternchen von 0 (wenig) bis 4 (viel) vergeben.

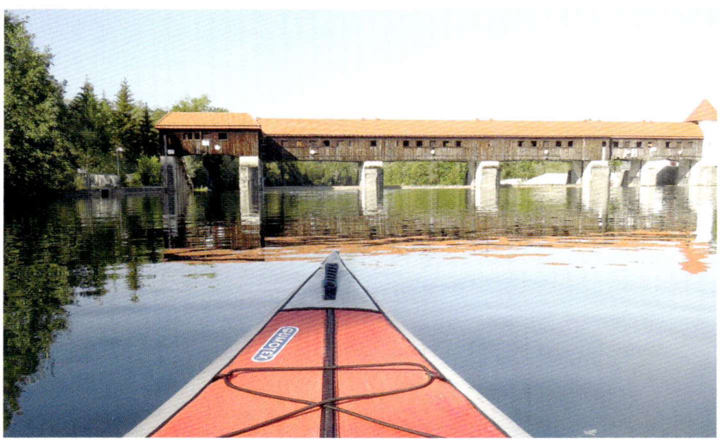

Auf der Isar am Ickinger Wehr

Tour-Infos zur Isar von Wallgau bis München

Charakter der Tour

Aktivitäten	Natur	Kultur	Baden	Hindernisse
★★★★	★★★★	★★★★	★★★★	★★

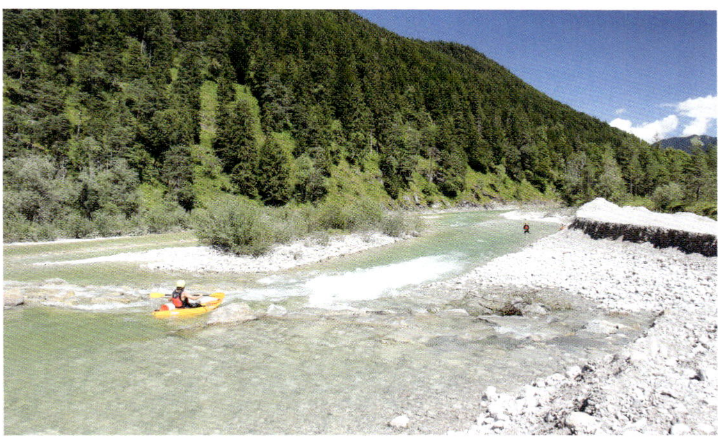

Auf der Isar, 3. Sohlrampe bei km 223,5, gleich nach der Sylvensteinstaumauer

Zwischen Wallgau und München ist die grünfarbene Isar ein Kanuziel der Superlative. Fast die gesamte Strecke verläuft durch mehrere Naturschutzgebiete. Hier ist der Mensch nicht ausgesperrt, aber er muss sich an einige Regeln halten.

Die ***Etappe zwischen Krün und dem Sylvensteinsee*** ist nur bei bestimmten Pegelständen fahrbar und kein Gewässer für Kanuanfänger. Daher wohl am besten geeignet als Tagestour.

Der malerisch gelegene ***Sylvensteinsee*** ist ein schönes Ziel für eine weitere ***Tagestour***.

Die ***durchgehende Fahrt*** auf der Isar beginnt erst hinter der Brücke unterhalb der ***Sylvensteinmauer***. Einzelne befahrbare Sohlrampen und das unbefahrbare Wehr in Fleck liegen auf dieser naturbelassenen Strecke bis Fleck. Wegen Wasserausleitung ist die Folgestrecke nur ab einem Pegelstand von 250 cm befahrbar, dies ist auch in der Paddelsaison nicht immer der Fall. Bei Niedrigwasser ist es sicherer generell erst in Lenggries zu starten.

Der Bahnhof in ***Lenggries*** bietet Paddlern mit zerlegbaren Kanus einen geeigneten Zustieg. Kurz unterhalb von Lenggries befindet sich mit dem ***„Isarburg-Katarakt" (WW II-III)*** die sportlichste Passage der Tour. Diese Stelle wurde vor ein paar Jahren durch Sprengung entschärft und kann auch umtragen werden. Nach dem zwei Kilometer langen Stausee in Bad Tölz beginnt die beliebte Strecke nach München. Bis Schäftlarn ist nur ein einziges Wehr zu umtragen. Bei normaler Wasserführung erwartet den Paddler eine sportliche Fahrt in einer traumhaften Flussaue mit Kiesbänken und kleinen Stromschnellen. ***Bei starker Wasserführung wird es aber hier schnell gefährlich.*** Die regionalen Bootsvermieter haben sich verpflichtet, ab „Meldestufe 1" keine Boote mehr zu vermieten, die meisten Normalpaddler sind dann hoffnungslos überfordert.

Unterhalb von ***Schäftlarn***, nach dem Wehr ***Baierbrunn*** (oder auch später), ist es bei sehr niedrigem Wasserstand (Pegelstand „Meldestufe 1", Info: www.hnd.bayern.de) evtl. möglich in den Isarkanal zu wechseln, ansonsten bleibt man bis zum Schluss auf der freien Isar.

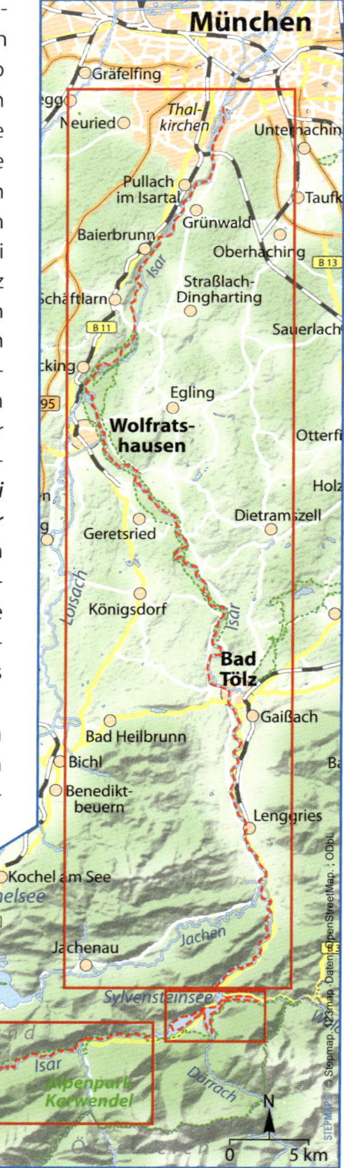

Die Tour wurde sorgfältig vor Ort recherchiert, trotzdem können sich Angaben ändern –

Brücken / Wehre werden erneuert, Befahrensregelungen geändert oder neu erlassen. **Schwierigkeit** und **Gefahren** sind immer stark vom aktuellen **Wasserstand** am Tag der Befahrung abhängig. Seien Sie daher immer wachsam, verlassen Sie sich nicht blind auf die Angaben in der Tourenbeschreibung und begutachten Sie kritische Stellen im Zweifel lieber selbst nochmal. Pegelstand siehe **Hochwassernachrichtendienst Bayern:** https://www.hnd.bayern.de/pegel oder **RiverApp.**

Sehenswürdigkeiten *(in der Reihenfolge des Tourenverlaufs)*

Mittenwald: siehe Seite 32.

Krün: *Barockkirche St. Sebastian* (1760).

Wallgau: *Spätgotische Pfarrkirche Sankt Jakob. Häuserfassaden* mit *Lüftlmalereien*, auch am *Gasthof „Zur Post"* (gute Küche) – beherbergte schon Goethe und Heine, aber auch die Schauspieler Elizabeth Taylor und Richard Burton.

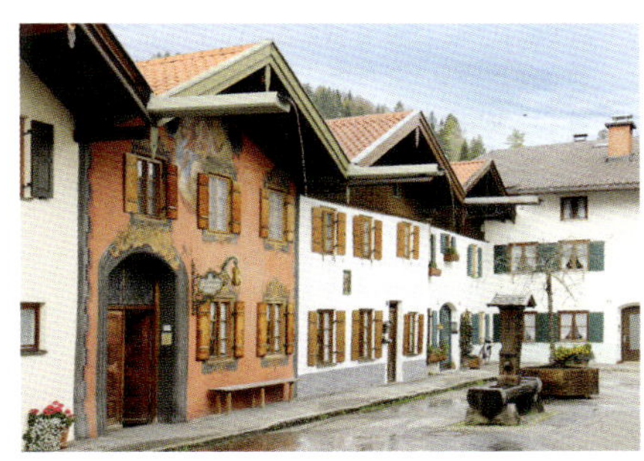

Mittenwalds Innenstadt mit Geigenbaumuseum

Vorderriß: *Gasthaus Post* (Thoma-Stube mit Gemälden und Erinnerungen an die Familie des Heimatdichters), *neugotische Königskapelle* (1866 von König Ludwig II. gestiftet).

Lenggries: *Kalkofen* (18. Jh.), *Heimatmuseum* (Flößer-Ausstellung), *barocke Pfarrkirche St. Jakob* (1722), *Schloss Hohenburg* (1712-18) mit Jagdsaal und opulenten Treppenhäusern, *Schlosskapelle*.

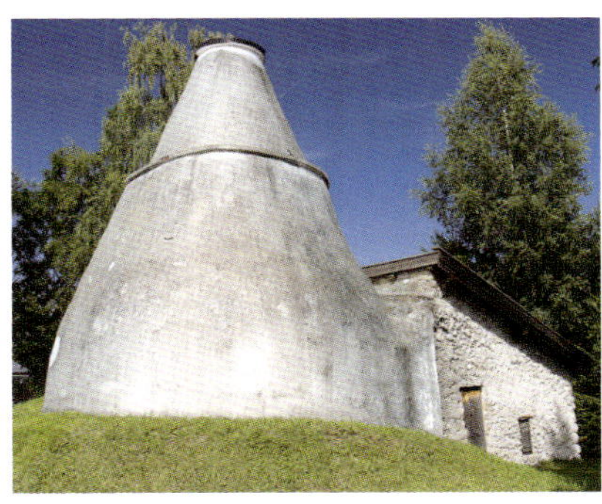

Kalkofen in Lenggries nahe der Straßenbrücke

Bad Tölz: siehe Seite 44.

Wolfratshausen: *Pfarrkirche St. Andreas* (1626), *Altstadt, Rathaus* und *Heimatmuseum*.

Schäftlarn: *Kloster* mit *Rokoko-Klosterkirche* und *Prälatengarten*. Siehe auch Seite 53.

Grünwald: *Burg Grünwald* (Jagdschloss der bayerischen Herzöge) mit *Burgmuseum* (Archäologie) und *Aussichtsturm*.

München: siehe Seite 59.

Weitere Aktivitäten

Paddeln

Erfahrene ***Wildwasserfahrer*** können sich im Frühjahr in den engen Klammen rund um den Sylvenstein-Speichersee austoben: ***Walchen***, ***Dürrach*** und ***Krottenbach***, aber auch ***Rißbach*** und ***Fermersbach*** warten mit anspruchsvollem Wildwasser auf.

Wanderpaddlern bieten sich die nahegelegenen Alpen- und Voralpenseen (KANU KOMPASS „Nördliche Alpenseen") wie ***Walchensee***, ***Kochelsee*** oder ***Starnberger See*** als Alternative an (beispielsweise bei Hochwasser).

Wandern

Zahlreiche Wanderwege und Bergtouren locken entlang des gesamten Isartals. In **Mittenwald**, am **Walchensee** und in **Lenggries** erleichtern Seilbahnen den schnellen Zugang in luftige Höhen.

Weitere beliebte Gipfelziele im *Isarwinkel* führen von **Mittenwald** auf die ***Soiernspitze (2.257 m)***, von **Lenggries** zum ***Fockenstein (1.564 m)*** oder zur ***Benediktenwand (1.800 m)***, von der ***Waldherrnalm*** bei **Wackersberg** zum ***Zwiesel (1.348 m)***.

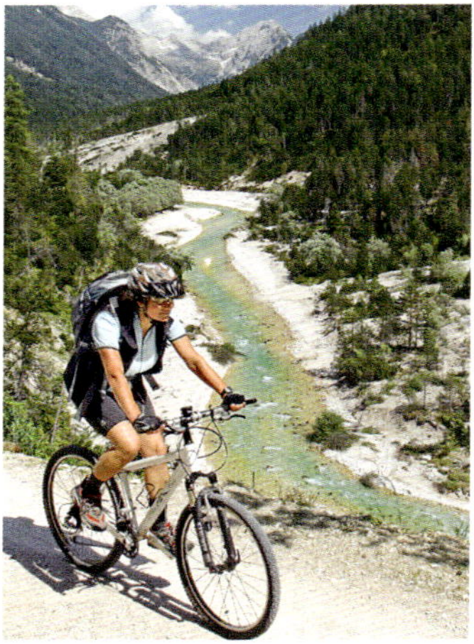

Der Isar-Radweg begleitet uns die ganze Flussstrecke entlang

Radtouren

Einige der schönsten *Radtouren* im ***Tölzer Land*** zwischen München und den Alpen sind in einer Broschüre aufgelistet, die man beim Tölzer Verkehrsamt erhält.

Neben dem ***Isar-Radweg***, der unsere Flussstrecke komplett begleitet, gibt es Radwege und MTB-Strecken für jeden Geschmack.

Meine Empfehlung ist eine Fahrt von Scharnitz in Österreich durch das ***wildromantische Hinterautal*** zum Ursprung der Isar, der Isarquelle, und Einkehr an der Kastenalm (hin & zurück 30 km, 300 Höhenmeter).

Eine besonders familienfreundliche Tour von 28 km Länge führt von Bad Tölz über Ellbach und Kirchbichl rund um das ***NSG Kirchseemoor*** (Bademöglichkeit).

Sportlicher geht es auf der 14 km langen MTB-Tour zu, die am Parkplatz der ***Blombergbahn*** startet und über das ***Blomberghaus*** zur ***Sauersbergquelle*** und zurück zur Talstation der Seibahn führt.

Canyoning

Geführte Touren im Bereich des ***Sylvensteinsees*** bietet ***Action & Funtours*** in **Bad Tölz** an.

Gleitschirmfliegen

Das ***Brauneck*** ist der beste Flugberg im Isartal. Infos für Tandem-Passagierflüge: www.schatzl-air.de

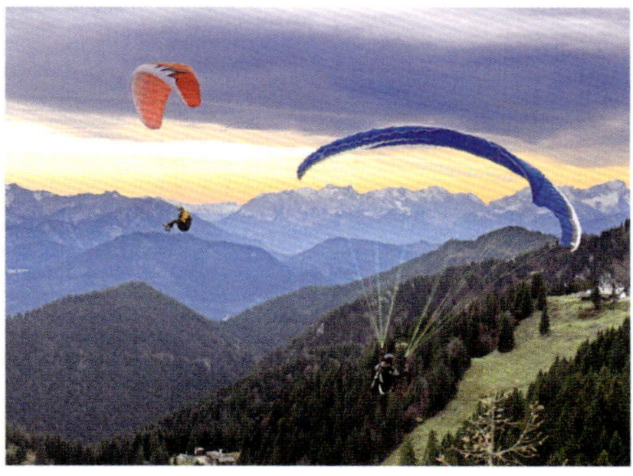

Paraglider am Brauneck bei Lenggries

Schwimmen

Badespaß garantieren die Schwimmbäder ***Karwendelbad*** in **Mittenwald**, ***Isarwelle*** in **Lenggries**, das ***Alpenbad Arzbach/Wackersberg***, das **Tölzer** ***Hallenbad*** und das **Münchner** ***Jugendstilbad „Müllersches Volksbad"***.

Klettern

Kletterhallen gibt es in **Bad Tölz** und **München-Thalkirchen**.

Hochseilgärten findet man in **Mittenwald**, am ***Blomberg*** bei **Bad Tölz**, an der ***Brauneck-Bergbahn*** in **Lenggries**.

Im ***Klettergarten Buchenhain*** zwischen **Baierbrunn** und **Grünwald** klettert man am linken Isar-Hochufer mit Blick auf den Fluss.

Literatur-Tipps

Natur-Bildband ***„Wilde Isar"***, *Naturschätze zwischen Hochgebirge, Stadt und Auenlandschaft, Karl Seidl, Christopher Meyer,* Gesellschaft für Naturfotografie..

„Am grünen Fluss – Abenteuer und Natur pur", *C. Rohrbach,* Malik Verlag.

„Das kleine Isar-Buch", *Geschichte, Orte, Menschen, J. Wilkes,* Verlag Fr. Pustet.

Rad- und Wanderführer ***„Entlang der Isar", Von Scharnitz bis München-Thalkirchen – Ausflüge auf den Spuren der Flößer,*** *Gabriele Rüth,* Allitera Verlag.

Radwanderkarte ***Isarradweg,*** wasserfest, 1:50.000, Publicpress Verlag.

Wanderführer ***„Das Isartal" München – Wolfratshausen,*** www.isartalverein.de

„Isarlust – Entdeckungen in München", *Peter Klimesch,* München Verlag.

„Die 50 schönsten Kanu- & SUP-Touren in Bayern", *Alfons Zaunhuber,* und ***„DKV-Gewässerführer für Süd-Bayern"***, *Benedict Cramer,* beide DKV-Verlag.

KANU KOMPASS „Bayern", *Michael Hennemann,* Thomas Kettler Verlag.

SUP-GUIDE Bayerisches Alpenvorland, *A. & A. Klotz,* Thomas Kettler Verlag.

Der Isarwinkel & Bad Tölz. ***Ein einzigartiges Stück Bayern,*** *B. Schwarz,* Volk Verlag.

„Der Jäger von Fall: Eine Erzählung aus dem bayerischen Hochlande", *Ludwig Ganghofer,* CreateSpace Independent Publishing Platform.

„Lausbubengeschichten" (Klassiker Weltliteratur), *Ludwig Thoma,* div. Verlage.

Etappenvorschlag

1. Tag / Tagestour: Wallgau – Vorderriß, 13 km (bei Start in Krün 15 km).
2. Tag / Tagestour: Sylvensteinsee-Umrundung, ca. 16 km.
3. Tag: Staumauer unterhalb Sylvensteinspeicher – Bad Tölz, 22,5 km.
4. Tag: Bad Tölz – Schäftlarn, 32 km.
5. Tag: Schäftlarn – München-Thalkirchen, 17 km.

Kanuvermieter *(Adressen in alphabetischer Ortsreihenfolge Seite 99)*

Die meisten Vermieter bringen ihre Boote zu den Einsetzstellen und holen die Boote an der Aussetzstelle wieder ab. Man bekommt fast ausschließlich Schlauchboote. **Einsetzstellen: Sylvenstein, Lenggries, Bad Tölz, Einöd, Wolfratshausen, Schäftlarn.**

Anreise mit Bus & Bahn: Mittenwald, Lenggries, Bad Tölz und München sind mit der Bahn (www.bahn.de) erreichbar. Zu den kleineren Orten wie **Wallgau**, **Fall**, **Sylvenstein Kraftwerk, Fleck** gibt es Busverbindungen (www.rvo-bus.de).

Anreise Mit dem Auto: A 95 München – Garmisch. Von dort auf der B 2 / B 11 über Krün nach **Wallgau**.

Oder auf der A 8 Richtung Salzburg, Abfahrt Holzkirchen. Auf der B 13 über Bad Tölz und Lenggries zur Einsetzstelle unmittelbar vor der Isarbrücke unterhalb der **Sylvenstein-Staumauer** oder weiter über Vorderriß auf einer gebührenpflichtigen Mautstraße nach **Wallgau**.

Einsetzstellen:

Wallgau: Beim *Isarsteg* unterhalb des Parkplatzes am Ende der Flößerstraße.

Unterhalb der Staumauer Sylvenstein in Fließrichtung rechts hinter der Straßenbrücke der B 13. Parken auf gegenüberliegender Seite.

Die junge Isar vor der Kulisse des Wettersteingebirges

Aussetzstelle:

Links oder rechts vor der Thalkirchner Brücke in **München**. Parkplätze (gebührenpfl.) gegenüber dem Restaurant „Villa Floßlände" in der Zentralländstr. 30 und beim Tierpark Hellabrunn (Tierparkstraße) sowie (gebührenfrei) in der Straße „Am Isarkanal" *(Navi: „Am Isarkanal 2")*.

Zurück zum PKW:

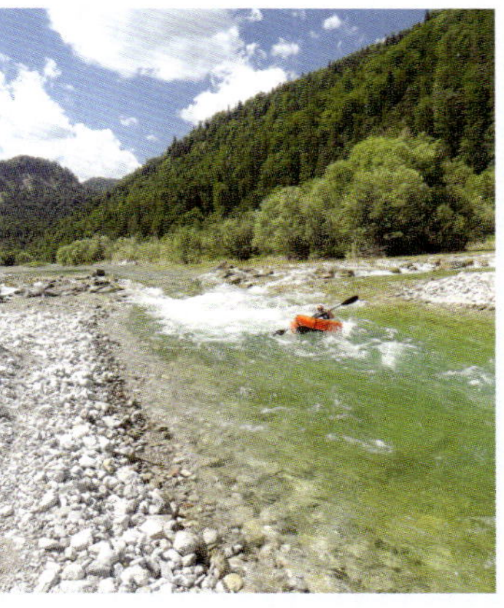

Die 3. Sohlrampe bei km 223,5

Nach Wallgau: Von München-Thalkirchen mit der U-Bahn zum Hauptbahnhof und von dort in ca. 2,5 Std. mit der Regionalbahn Richtung Innsbruck Hbf. bis Klais. Hier weiter mit dem Bus 9608 (Richtung Kochel am See) über Krün nach Wallgau.
Info: www.rvo-bus.de

Zur Sylvenstein-Staumauer: Von München Hbf. in gut einer Stunde nach Lenggries. Von dort mit dem „Bergsteigerbus" 9569 (Lenggries-Vorderriß) Jun-Okt 2 x tägl. in knapp 15 Minuten zum Sylvenstein-Kraftwerk. Info: www.rvo-bus.de
Alternativ bietet sich der durchgehend beschilderte Isar-Radweg an.

Länge und Dauer der Tour:

Von der **Sylvensteinmauer bis München-Thalkirchen** beträgt die **Fahrstrecke ca. 71,5 km** (ab **Lenggries 58,5 km).**

Man benötigt **2-3 Tage**, je nach Einteilung der Etappen und zusätzlichem Zeitbedarf für Besichtigungen und Ausflüge eher **5-6 Tage**. Die Tagesetappen **Wallgau – Vorderriß (13 km)** und **Umrundung Sylvensteinstausee (16 km)** sind hier nicht berücksichtigt.

Befahrungseinschränkungen: Befahrung **nur von 7-20.30 Uhr.**
Befahrungsverbot Wallgau – Bad Tölz 16.10. - 31.5.
Befahrungsverbot Bad Tölz – Brücke Schäftlarn 1.1. - 31.5.

Umtragestellen:

Alle Wehre und Gefahrenstellen wie Sohlrampen sind gut beschildert. Insgesamt gibt es zwischen Wallgau und München-Thalkirchen **7 Wehre** (inkl. Staumauer), wenn man vor Pullach in den Isar-Werkkanal wechselt sind es **8 Wehre**, die umtragen werden müssen.

Da sich die Etappe **Wallgau – Vorderriß** (**1 Wehr**) und der **Sylvensteinsee** nur für **Tagesfahrer** eignet, sind auf der durchgehend zu befahrenen Strecke unterhalb **Sylvensteinmauer bis München 5 Wehre** zu bewältigen (zwischen Bad Tölz und Schäftlarn nur **1 Wehr**).

Ein **Bootswagen** ist hilfreich. Notwendig vor allem zwischen Thalkirchner Brücke und dem Campingplatz, bzw. den Parkplätzen.

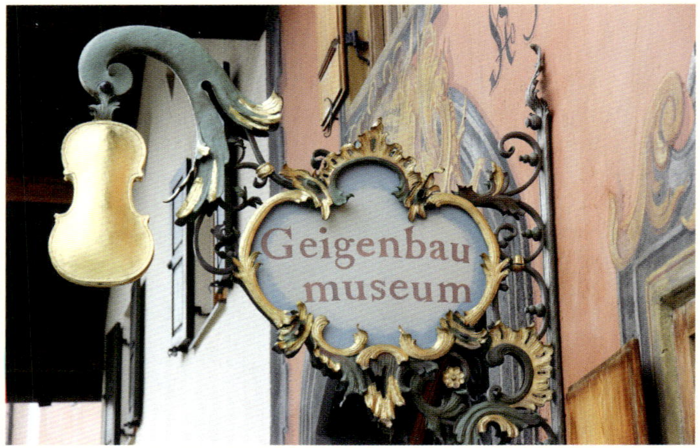

Ein Besuch des Geigenbaumuseums ist sehr lohnend

Die Geigenbauerstadt zwischen Karwendel und Wettersteingebirge zählt zu den reizvollsten Urlaubs-Destinationen in Bayern. Mittenwald ist ein Luftkurort mit jahrhundertealter Tradition mit Lüftlmalereien, blumengeschmückten Häusern und spektakulärer Bergkulisse.

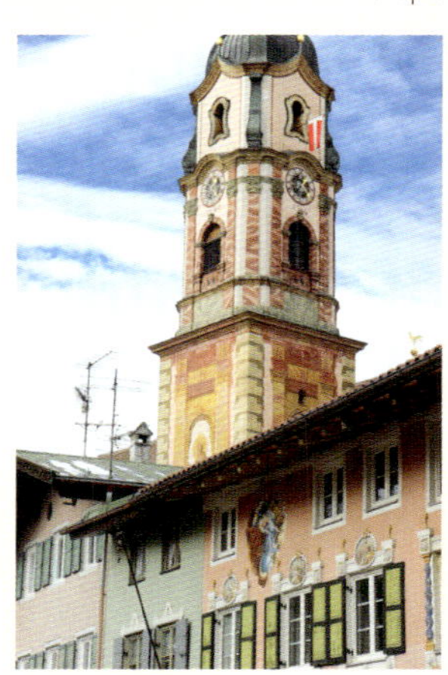

Die Innenstadt von Mittenwald mit der Kirche Peter und Paul

Die Region wurde schon früh von Kelten besiedelt, die später von den Römern vertrieben wurden. Der Handel in der Römerzeit begünstigte die wirtschaftliche Situation und so profitierten die Mittenwalder Bürger als Kaufleute und Spediteure von ihrer Lage an der Römerstraße. Heute ist der Tourismus ein wichtiges Standbein.

Seit dem Jahre 1858 gibt es in Mittenwald eine Geigenbauschule, die einzige Deutschlands. Sehr lohnend ist der Besuch des Geigenbau- und Heimatmuseums, in diesem ist auch eine Geigenbau-Werkstatt integriert.

Spektakuläre Natur erlebt man auf den umliegenden Berggipfeln, zu denen man auch mit Liftunterstützung gelangt.

Die nahen Bergseen und die wilde Leutaschklamm locken zu kurzen Wanderungen im Umfeld des Ortes.

Tourismusbüro, Dammkarstr. 3, 82481 Mittenwald, Tel. (08823) 339 81, www.alpenwelt-karwendel.de

① ***Geigenbau- & Heimatmuseum*** (in einem der schönsten und ältesten Häuser), *Di-So, Saison 10-17, sonst 11-16, Eintritt Erw. 4,50 €.*

② ***Pfarrkirche Peter und Paul*** (1746), Lüftlmalereien von Matthäus Günther und innen mit Fresken und interessanten Malereien.

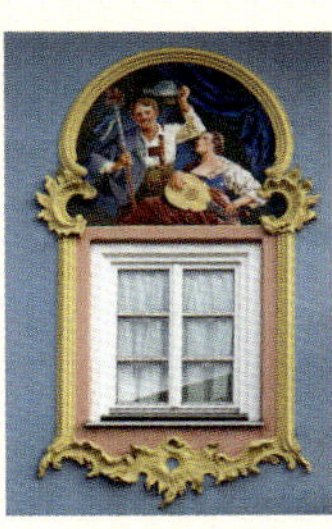

③ ***Lüftlmalereien*** an den Häusern am Obermarkt.

④ ***Geologischer Lehrpfad***, beginnend an der Talstation der Kranzbergbahn.

⑤ ***Natur-Infozentrum „Bergwelt Karwendel"*** an der Bergstation der Karwendelbahn in einem „Riesenfernrohr" in 2.244 m Höhe. Dauerausstellung über das alpine Ökosystem und den Lebensraum „Karwendel" sowie ein 90 Min.-Film über die Isar. Der Besuch ist kostenlos, die Auffahrt nicht, www.mittenwald-ferienzeit.de & www.karwendelbahn.de

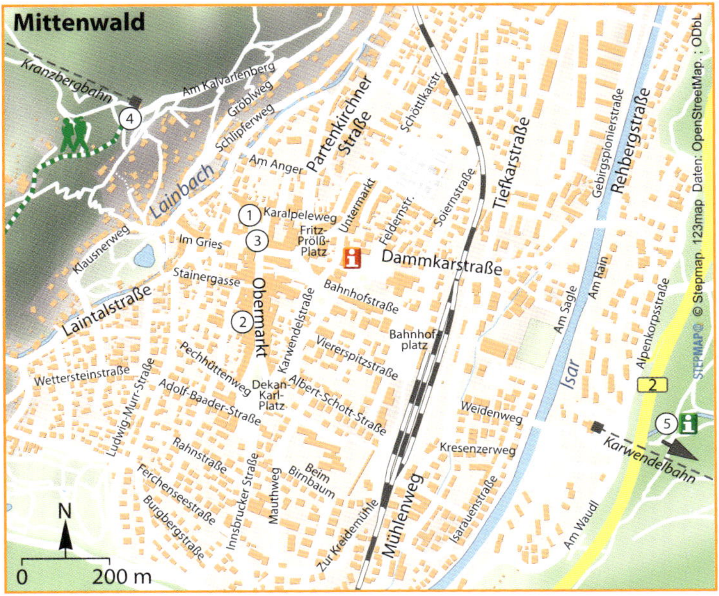

Tagestour von Wallgau bis Vorderriß

Leider wird am Krüner Wehr Wasser zum Walchensee abgeleitet. Somit ist diese Tagesetappe Krün / Wallgau – Sylvensteinspeicher nur ab einem Pegelstand (Rißbachdücker) von über 32 cm befahrbar.

Pegelinfo Rißbachdüker: Tel. 01804-370037-314 (Messwertansage) und www.hnd.bayern.de/pegel/isar/rissbachdueker-16001303

Bei niedrigem Wasserstand sind die **technischen Schwierigkeiten um WW I** zu bewerten.

Bei **kräftigerem Wasserdurchlauf (WW II)** und nach Schneeschmelze oder Hochwassern besteht vermehrt das **Risiko** von **Baumversperrungen** in den Außenkurven, **die Kehrwasser erfordern eine sichere Paddeltechnik**. **Kanuneulinge sind dann sehr schnell überfordert.** Dennoch gehört diese Wildfluss-Landschaft zu den schönsten im nördlichen Alpenraum und wird oft mit Kanada verglichen.

km 247,7

Hotel Wallgauer Hof
(08825) 921 00

Der Bereich der Mündung ***Finzbach*** / Fußgängerbrücke *Isarsteg* (gebührenpflichtiger *Parkplatz*) in **Wallgau** ist die ideale *Einsetzstelle*. Flussauf zeigt sich eine eindrucksvolle Gebirgskulisse und flussab kündigt das weit verzweigte Flussbett eine besonders naturnahe Kanustrecke an.

NSG Oberes Isartal

Da wir hier im *NSG Oberes Isartal* paddeln, empfehlen wir aus Naturschutzgründen nur in Kleingruppen zu fahren und ausschließlich an den Brücken ein- und auszusteigen. **Zudem gilt von Wallgau bis Bad Tölz vom 16.10. - 31.5. ein Befahrungsverbot.**

Im weiten Kiesbett sucht sich die Isar ihren Weg nach Lust und Laune. Meist ist die begleitende Mautstraße vom Boot aus nicht zu sehen und verläuft zum Teil etwas oberhalb des Flussbetts. Auf den ersten Metern beeindruckt die Rückschau auf die Berge des ***Wettersteingebirges***. Später ergeben sich rechterhand Blicke in Richtung ***Karwendel***, vor allem im Bereich der ***Rißbachmündung***.

km 236,7

Am Düker der ***Rißbachüberleitung*** (Pegel) befand sich früher eine wuchtige *Stufe* die aber inzwischen zugekiest und *problemlos befahrbar* ist (sonst rechts umtragen).

km 235,1

Rechts mündete der ***Rißbach*** ein. Wegen Wasserableitung ist jedoch nur noch ein trockenes Flussbett erkennbar. Dahinter wird der Blick auf die mächtigen ***Karwendelgipfel*** frei.

Gegenüber dem *Gasthaus Post Vorderriß, dem Elternhaus des Heimatdichters Ludwig Thoma*, befindet sich ein kleiner *Parkplatz* und der *Ausstieg* direkt vor der Brücke. Das Gasthaus mit einem schönen, von alten Kastanienbäumen bestandenen Biergarten lockt zu deftiger, bayerischer Brotzeit und verfügt auch über Gästezimmer, Touristenlager und eine Ferienwohnung. Wer hier in **Vorderriß** sein Fahrrad deponiert hat, kann auf der Mautstraße zurück zum Fahrzeug nach Wallgau radeln.

km 234,9

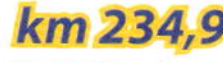

Gasthof Post Vorderriß
(08045) 277
Ruhetag erfragen: Mo+Di oder Do

Beendigung der Tagesetappe

Die Isar verläuft weiterhin im weiten Flussbett. Zwischen Vorderriß und dem Sylvensteinspeicher mäandert sie in einem reizvollen Talbecken. Wegen einer schwankenden Versickerungsrate ist ein entsprechender Wasserdurchlauf erforderlich. **Ständige Baggerarbeiten und Flussbettveränderungen, dazu eine schwierige Parkplatzsituation erfordern eine Abwägung, ob sich dieses Teilstück für eine Befahrung lohnt und machen eine zuverlässige Beschreibung unmöglich. Eine Erkundung der aktuellen Situation vorab ist zwingend erforderlich, da die Anfahrt auf die Geschiebesperre lebensgefährlich sein kann.**

km 230,8

!!!

Geschiebesperre
2. mögliches Ende der Tagesetappe

Rechtzeitig vor der ***unbefahrbaren Geschiebesperre*** ist es notwendig in den linken Flussarm zu wechseln (keine Anlandemöglichkeit im rechten Arm).

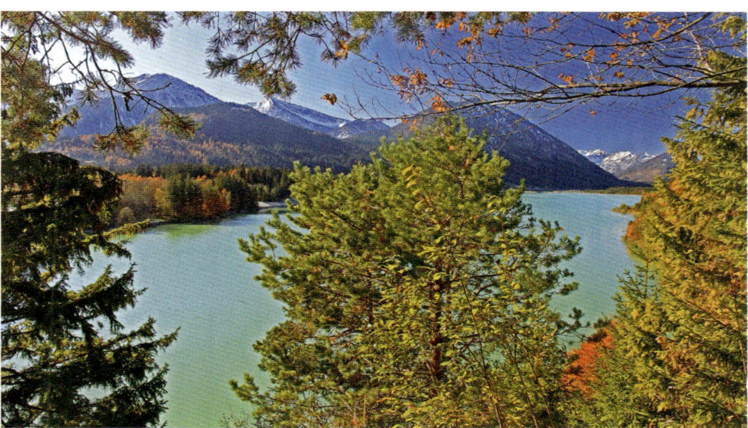

Sylvensteinspeicher im Herbst

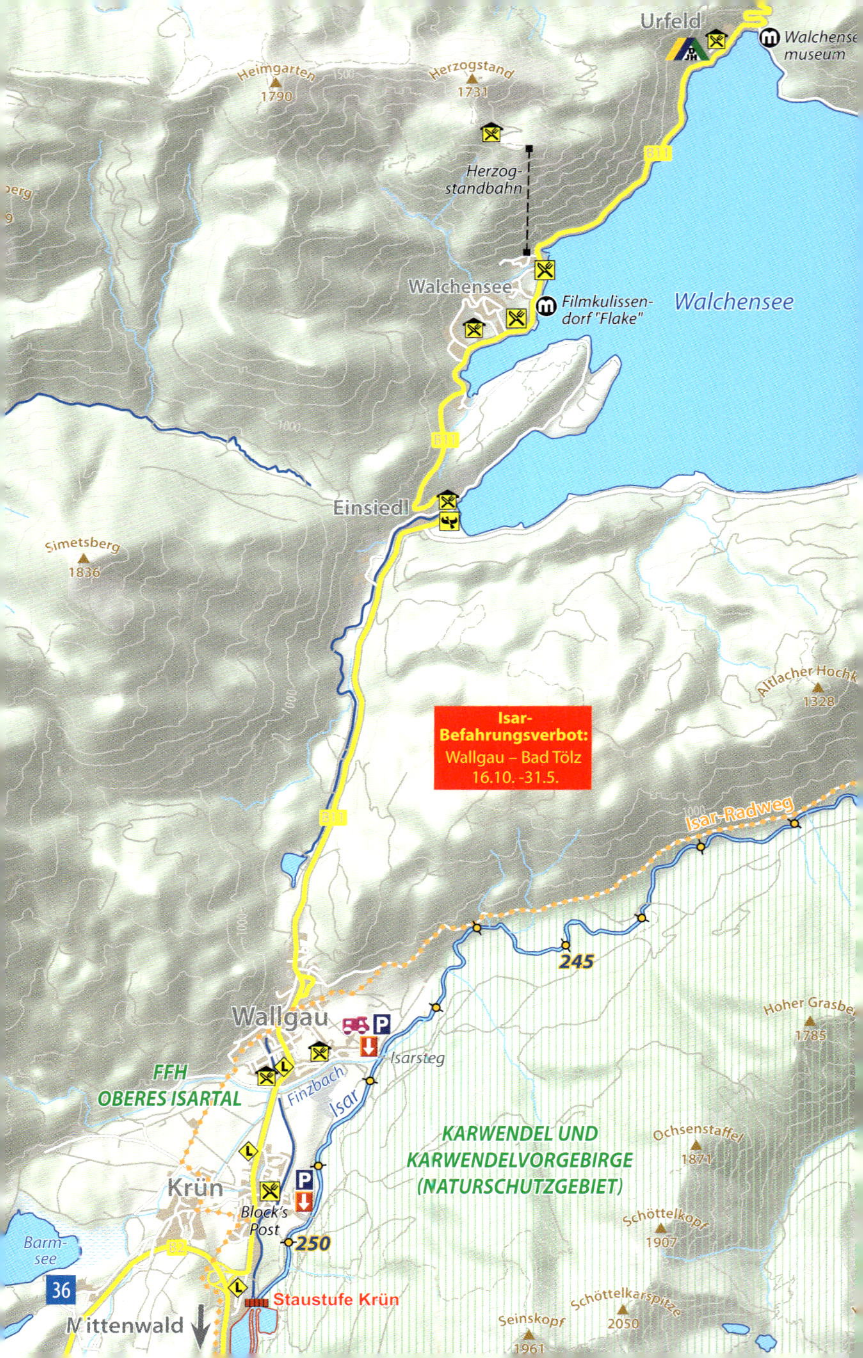
Urfeld
Walchensee museum
Heimgarten
1790
Herzogstand
1731
Herzog-
standbahn
B11
Walchensee
Filmkulissen-
dorf "Flake"
Walchensee
Einsiedl
Simetsberg
1836
Altlacher Hochk
1328
Isar-
Befahrungsverbot:
Wallgau – Bad Tölz
16.10. -31.5.
Isar-Radweg
245
Wallgau
Hoher Grasbe
1785
Isarsteg
FFH
OBERES ISARTAL
Finzbach
Isar
KARWENDEL UND
KARWENDELVORGEBIRGE
(NATURSCHUTZGEBIET)
Ochsenstaffel
1871
Krün
Block's
Post
250
Schöttelkopf
1907
Barm-
see
B2
36
Staustufe Krün
Schöttelkarspitze
2050
Seinskopf
1961
Mittenwald

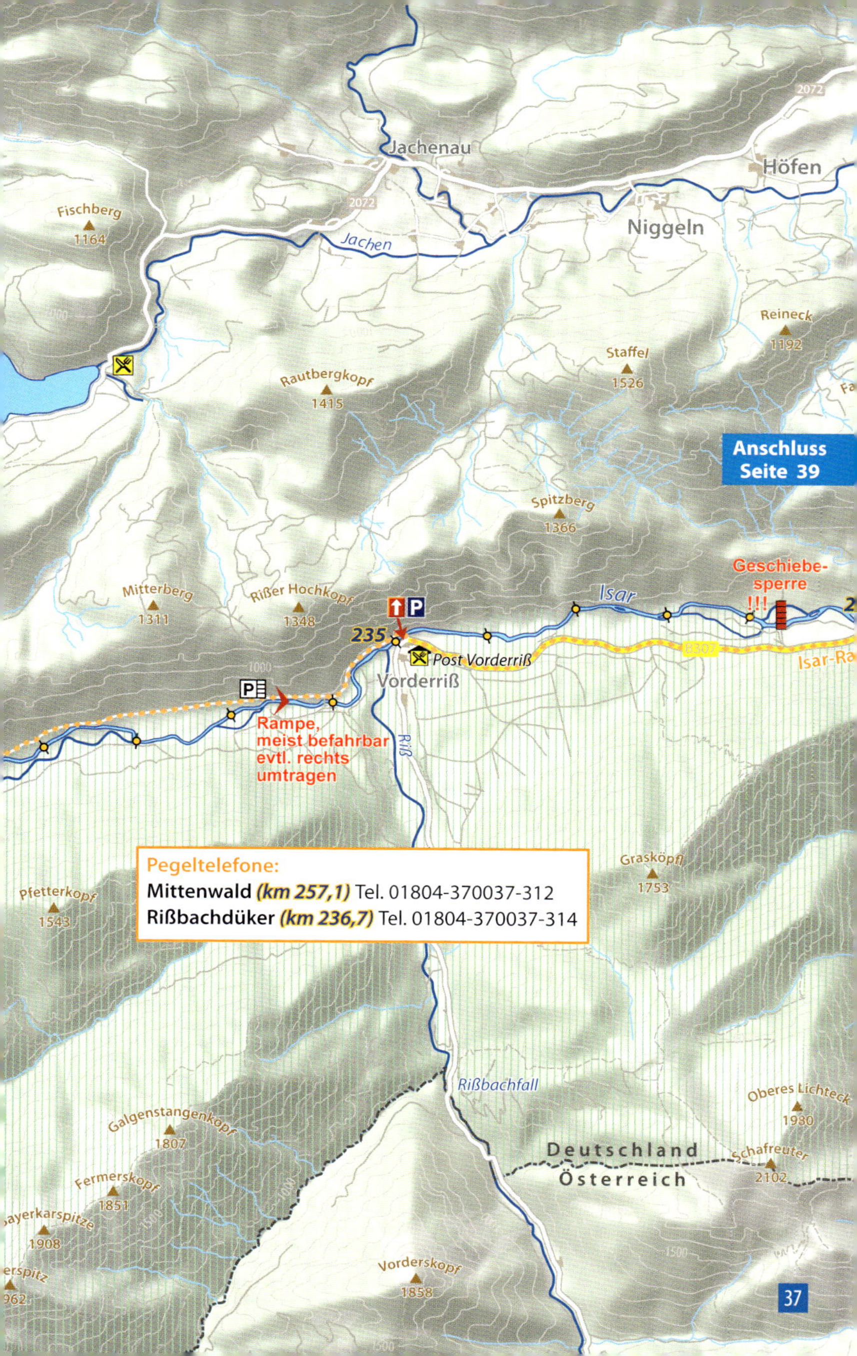
Jachenau
Höfen
Niggeln
2072
Fischberg
1164
Jachen
Reineck
1192
Staffel
1526
Rautbergkopf
1415
Anschluss
Seite 39
Spitzberg
1366
Geschiebe-
sperre
!!!
Isar
Mitterberg
1311
Rißer Hochkopf
1348
235
Post Vorderriß
B307
Isar-Ra
Vorderriß
Rampe,
meist befahrbar
evtl. rechts
umtragen
Riß
Pegeltelefone:
Mittenwald (km 257,1) Tel. 01804-370037-312
Rißbachdüker (km 236,7) Tel. 01804-370037-314
Pfetterkopf
1543
Grasköpfl
1753
Rißbachfall
Oberes Lichteck
1980
Galgenstangenkopf
1807
Deutschland
Österreich
Schafreuter
2102
Fermerskopf
1851
1908
Vorderskopf
1858

Tagestour auf dem Sylvensteinsee

km 227

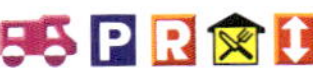

Outdoorhotel Jäger von Fall
(08045) 130

Der neue Ort **Fall,** in einer Bucht am Südufer des ***Sylvenstein-Speichersees,*** besteht aus wenigen Häusern. *Der alte Ort versank im Rahmen des Staudammbaus 1959 in den Fluten des Sees. Die Staumauer des Sylvenstein-Speichersees hat die Stadt München bisher vor allen Hochwassern geschützt. Außerdem sorgt die dosierte Wasserableitung auch in Trockenzeiten für zuverlässige Wasserstände. 2011-2015 wurde die Staumauer um drei Meter erhöht und nachgerüstet.*

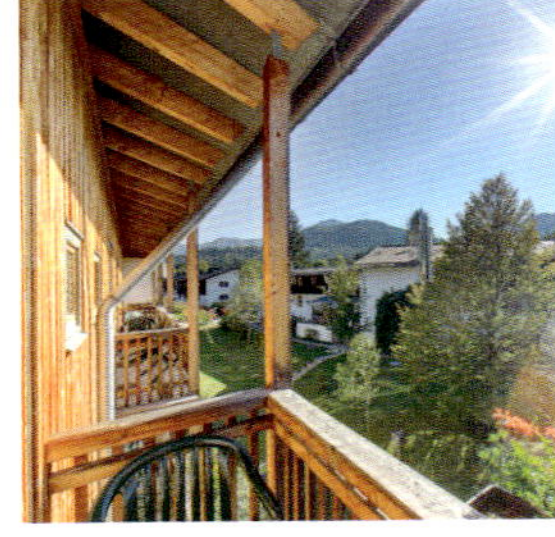

Beim ***Outdoorhotel „Jäger von Fall"*** (auch Outdoor-Veranstalter) mit angeschlossenem Restaurant, gibt es in der Nähe einen großen gebührenpflichtigen ***Wohnmobilstellplatz*** mit Dusche und WC, schön ruhig im Wald gelegen. Das Outdoor-Hotel, idealer Ausgangspunkt vielfältiger Aktivitäten wie Paddeln, Wandern, Bogenschießen, Klettern oder Canyoning, bietet am Abend Entspannung in der Finnischen Sauna oder der Haus-Bibliothek.

Ein Schotterweg führt zum See hinunter, den Einheimische und Besucher als ***Badeplatz*** schätzen. Von hier aus kann man gut zu einer Tagestour auf dem ***Sylvensteinsee*** starten, der an einen engen norwegischen Fjord erinnert.

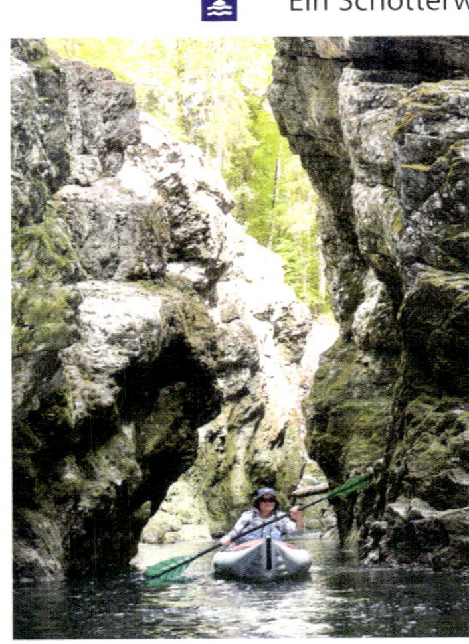

In der Mündungsklamm des Walchen

Sehr reizvoll ist eine Fahrt bis in die Mündungsklamm des ***Walchen*** am östlichen Seeende. Bei normalem Wasserstand (nicht bei niedrigem Füllzustand) gelangt man hier in eine knapp zwei Meter breite Klamm und erreicht als Umkehrpunkt einen Wasserfall.

Ebenfalls sehr reizvoll ist auch das Mündungsgebiet der Isar am westlichen Ende des Sees.

Eine Umtragung der Staumauer ist nicht möglich.

Isar von der Sylvensteinmauer bis München

Der *Einstieg* befindet sich nahe der Staumauer hinter der *Straßenbrücke der B 13*. Dort gibt es auch einen gebührenfreien kleinen *Parkplatz* (größerer Platz auf der anderen Straßenseite). Ein Mindestpegel von 250 cm ist für diese Etappe erforderlich.

km 224

Pegel mind. 250 cm

Es folgen unmittelbar aufeinander *drei befahrbare Sohlrampen*, die Durchfahrt ist durch Steine auf beiden Seiten gut erkennbar. Die ersten beiden Sohlrampen sind völlig problemlos, sportlicher ist die *dritte*, diese hat ein höheres Gefälle und starke Wellen im Unterwasser (Spritzdecke schließen). *Umtragen rechts ist möglich*.

3. Sohlschwelle stärker *umtragen rechts*

Auch auf der Folgestrecke sucht sich die Isar ihr Bett nach Belieben zwischen den Kiesbänken.

Die ***Felswand „Wandl“*** auf der rechten Seite war ehemals eine berüchtigte Kenterstelle, heute wird sie nicht mehr angespült und ist zugekiest.

km 221,2

Aktuelle Befahrungsverbote: Von Wallgau bis Bad Tölz gilt ein Befahrungsverbot vom 16.10.-31.5. Von Bad Tölz bis zur Schäftlarner Brücke vom 1.1.-31.5. Weitere Regeln siehe auch Seite 20 & 21!

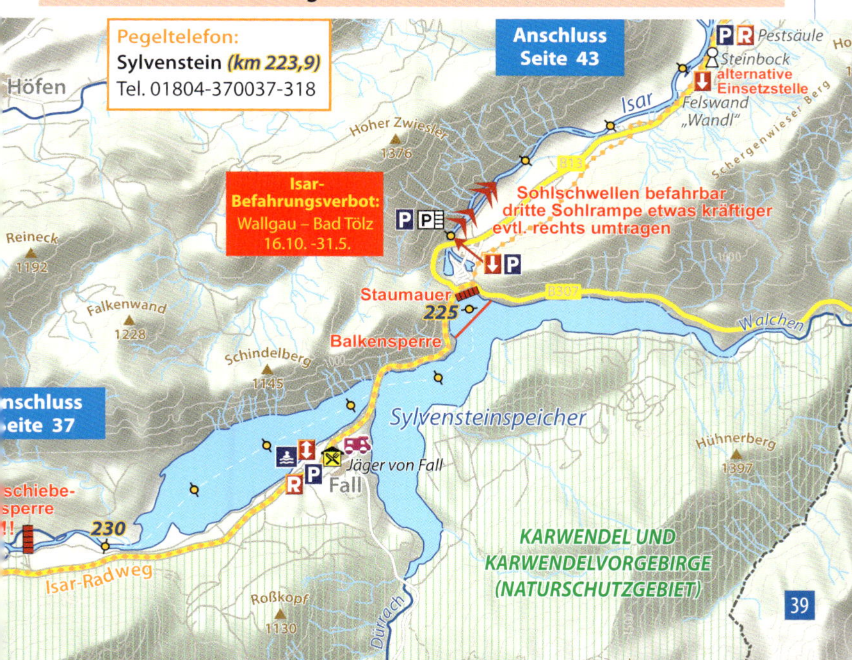

km 216,7

(280 m)

Gasthof Gassler
(08042) 24 16
ab 17, Mi, Do Ruhet.

Haus Marter
(08042) 32 33

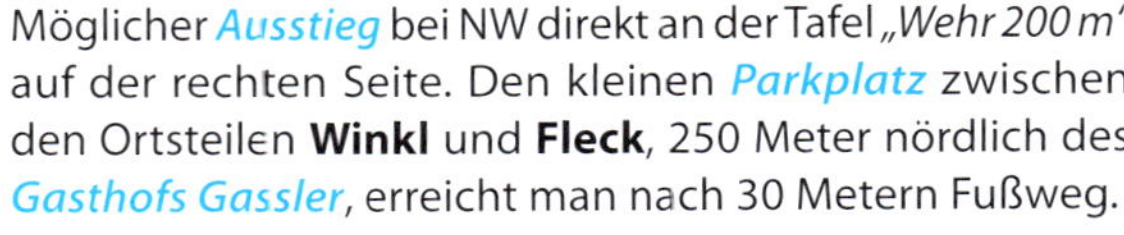

Möglicher *Ausstieg* bei NW direkt an der Tafel *„Wehr 200 m"* auf der rechten Seite. Den kleinen *Parkplatz* zwischen den Ortsteilen **Winkl** und **Fleck**, 250 Meter nördlich des *Gasthofs Gassler*, erreicht man nach 30 Metern Fußweg.

!!! Achtung: ***Bei Hochwasser starke Strömung auf das Wehr, das nach einer Linkskurve erst spät sichtbar wird!***

km 216,5

Wehr Fleck
li 100 m umtragen

Die *Umtragung* am *Wehr Fleck* bereitet keine Probleme.

Zwischen dem Flecker Wehr und der Bretonenbrücke (km 214,3) bei Lenggries-Wies gibt es eine Ausleitungsstrecke. Durch den Wasserentzug ist eine Fahrt nur ab einer Wassermenge von mindestens 15 cm/s möglich. Evtl. Fahrt unterbrechen, in Lenggries wieder einsetzen.

www.hnd.bayern.de/pegel/isar

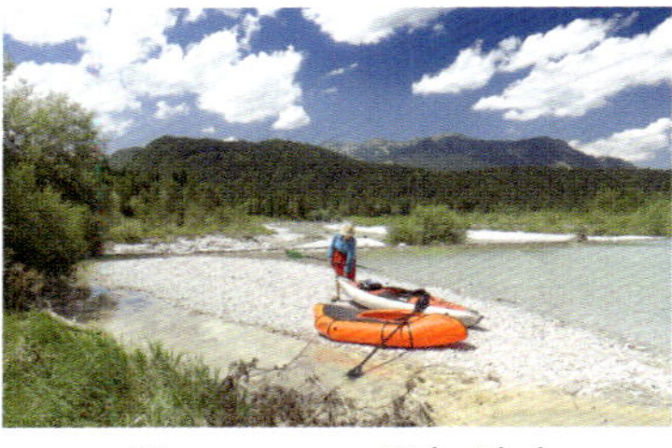

Umtragung am Wehr Fleck

Bei Weiterfahrt in **Fleck** fällt der Blick auf das ***Brauneck***, durch seine Nähe zu München ein beliebtes Wander- und Skigebiet, auf das eine Gondelbahn führt. Vom Gipfel starten häufig Paraglider und eine Kammwanderung zwischen Brauneck und der Benediktenwand ist wegen der tollen Fernsicht sehr abwechslungsreich.

km 211,1

Montevia
(08042) 97 24 00

Hotel Alpenrose
(08042) 915 50

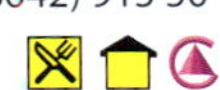

Lenggrieser Bergcamping
(08042) 564 06 02

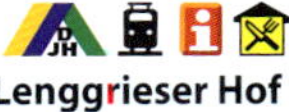

Lenggrieser Hof
(08042) 505 60

Erlebnisbad Isarwelle
(08042) 50 95 96

Natur-Freibad
(08042) 50 96 20
ca. Mai-Sep 10-19

Lenggries, *der Name leitet sich von „langem Gries", den riesigen Kiesbänken im Flussbett der Isar ab, ist ein beliebter, aber selten stark frequentierter Fremdenverkehrsort.*

Links vor der Straßenbrücke sind ein paar *Parkplätze*, der *Ein- & Ausstieg* sowie ein *Badeplatz*. Direkt daneben befindet sich das Ristorante „Luna Piena" und auf der anderen Straßenseite hat der *Outdoor-Veranstalter „Montevia"* seinen Standort. Ein Stück weiter nördlich befindet sich das *Hotel „Alpenrose"* und etwas oberhalb bietet der *Lenggrieser Bergcamping* Zimmer, Alm-Chalets, Zeltmöglichkeit und Biergarten mit herrlichem Blick aufs Brauneck.

Der Ort selber liegt auf der anderen Brückenseite. Hier findet man den *Alpengasthof Lenggrieser Hof,* südlich davon den *Bahnhof* und im Ortszentrum die *Tourist-Info*.

Etwa 200 Meter nördlich der Isarbrücke liegt der alte ***Kalkofen*** *aus dem 18. Jh., einer der letzten freistehenden Kalköfen, der 1958 außer Betrieb genommen wurde.*

In vergangenen Jahrhunderten wurden noch fast alle Häuser aus Holz gebaut. Wegen großer Flächenbrände ersetzte man sie durch Steinbauten. Den benötigten Kalk lieferten Kalksteine die von sogenannten „Stoaklauberinnen" in mühsamer tagelanger Arbeit am Ufer der Isar gesammelt wurden, um anschließend kunstvoll in den Kalköfen gestapelt und gebrannt zu werden. Die riesigen Mengen an Holz und Steinen die die Öfen verschlangen, transportierte man ebenso wie den fertig gebrannten Kalk auf Flößen bis hinein in die Landeshauptstadt sowie bis Wien und Budapest.

Überhaupt spielte lange Zeit die Flößerei auf der Isar eine wichtige Rolle. Die größte Holzfuhre, mit der Flößer jemals nach München die Isar hinuntertrieben, dürften die 140 Flöße mit rund 2.500 Baumstämmen für den Bau des Dachstuhls der Münchner Frauenkirche gewesen sein.

Das Heimatmuseum Lenggries informiert darüber in einer Flößer-Ausstellung.

Heimatmuseum
(08042) 50 18 20
Mo-Fr 9-12 & 14-17

Steinpyramiden am Isarufer

Der *„Natur-Erlebnispfad Isar"* startet an der Isarbrücke Lenggries und verläuft eineinhalb Kilometer isaraufwärts mit Abstecher in die Isarauen bis zum Parkplatz südlich des Hirschbaches. Hinweistafeln informieren über den Fluss.

Der *„Isarburg-Katarakt"* ist die sportlichste Herausforderung auf der gesamten Flussstrecke. Die ehemals stark verblockte Stelle wurde durch Sprengung entschärft und ist auf der rechten Seite für wildwassererfahrene Paddler gut befahrbar ***(WW II, starke Wellenbildung – je nach Wasserstand)***. **Befahrer sollten unbedingt einen Helm tragen.** Linksufrig ist diese Stelle bequem zu umtragen.

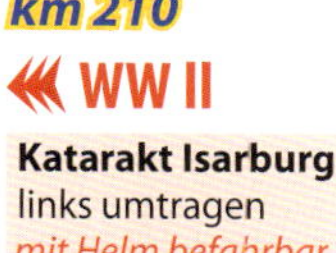

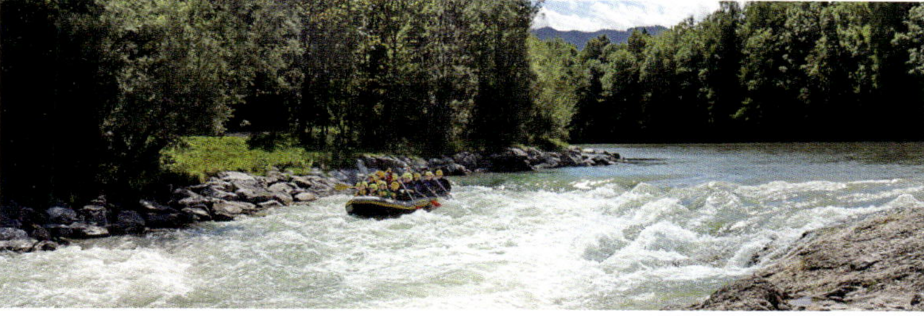

Spritzige Passage am Isarburg-Katarakt unterhalb von Lenggries

km 207,8 Von links fließt der von der ***Benediktenwandgruppe*** kommende Gebirgsbach ***Arzbach*** hinzu. Findige Menschen haben im Mündungsbereich durch Aufschichten von Steinen einen *Badegumpen* geschaffen, von dem aus man entspannt dem Treiben auf dem Fluss zuschauen kann.

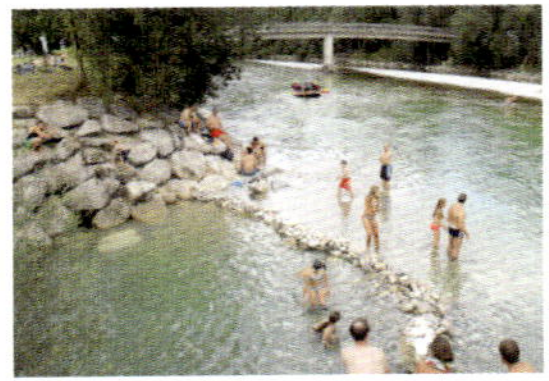

Nach Unterfahren einer Fußgängerbrücke wird eine große Kiesbank passiert, hinter der links die Häuser von **Arzbach** ans Ufer rücken.

km 207,3

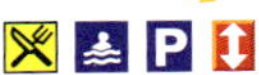

Kramerwirt
(08042) 972 79 90
Mo-So 11-22

Alpenbad Arzbach
(08042) 88 88
bei Sonne 9-19

Ein möglicher *Ein- & Ausstieg* kurz vor der Rechtskurve am linken Ufer ist auch in Spitzenzeiten kaum frequentiert. Etwa 150 Meter entfernt bietet an der Straße der *Gasthof Kramerwirt* im Biergarten unter schattenspendenden Kastanien eine deftige Brotzeit. Wer so richtig schwimmen will, kann dies im einen Kilometer südwestlich gelegenen *Alpenbad Arzbach* tun, dessen Becken vom quellfrischen Gebirgswasser des ***Arzbaches*** gespeist werden. Auch die Küche der *Schweizer Wirtin* *(Mo, Di Ruhetag)* gleich um die Ecke ist sehr zu empfehlen.

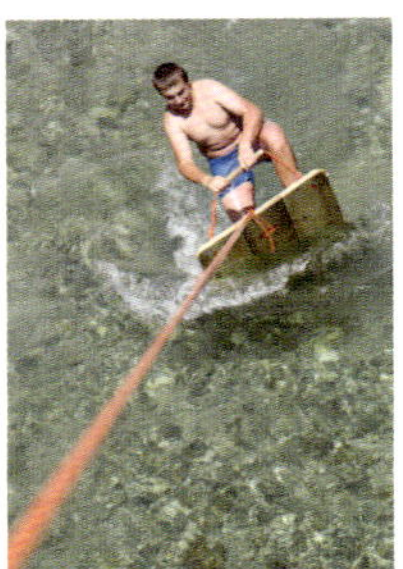

Am Brückengeländer vertäuen, Brett in die Strömung – „Isarbrettln" hat eine lange Tradition

Langsam treten die Berge zurück. **Bad Tölz**, 1899 wegen der guten Luft und jodhaltiger Quellen zum „Bad" gekürt, kündigt sich an. *Die vom Salzhandel reich gewordene Stadt war vor einigen Jahren Drehort der Serie „Der Bulle von Tölz" mit dem Kabarettisten Ottfried Fischer in der Hauptrolle, dem gar ein eigenes Museum gewidmet ist.*

km 204 Eine unproblematische *Sohlrampe* wird im linken Drittel befahren oder links getreidelt.

Sohlrampe
gut links befahrbar oder links treideln

Eineinhalb Kilometer darauf passiert man die Brücke der stark befahrenen südlichen Ortsumgehung B 472. Kurz davor sticht ein ungewöhliches, rundes Gebäude ins Auge – der „Tölzer Biertempel". Hier bietet das „Jailhouse" amerikanische Küche und Atmosphäre.

km 201,7 Direkt vor der nächsten Brücke besteht linkerhand eine *Aussetzmöglichkeit* (Treppe) zum Altstadtrundgang. Von der Brücke aus hat man einen herrlichen Blick auf die doppeltürmige ***Kalvarienbergkirche,*** zu der ein Fußweg hinaufführt (schöne Aussicht aufs Isartal). Jenseits der Straßenbrücke gelangt man in die sehenswerte Altstadt.

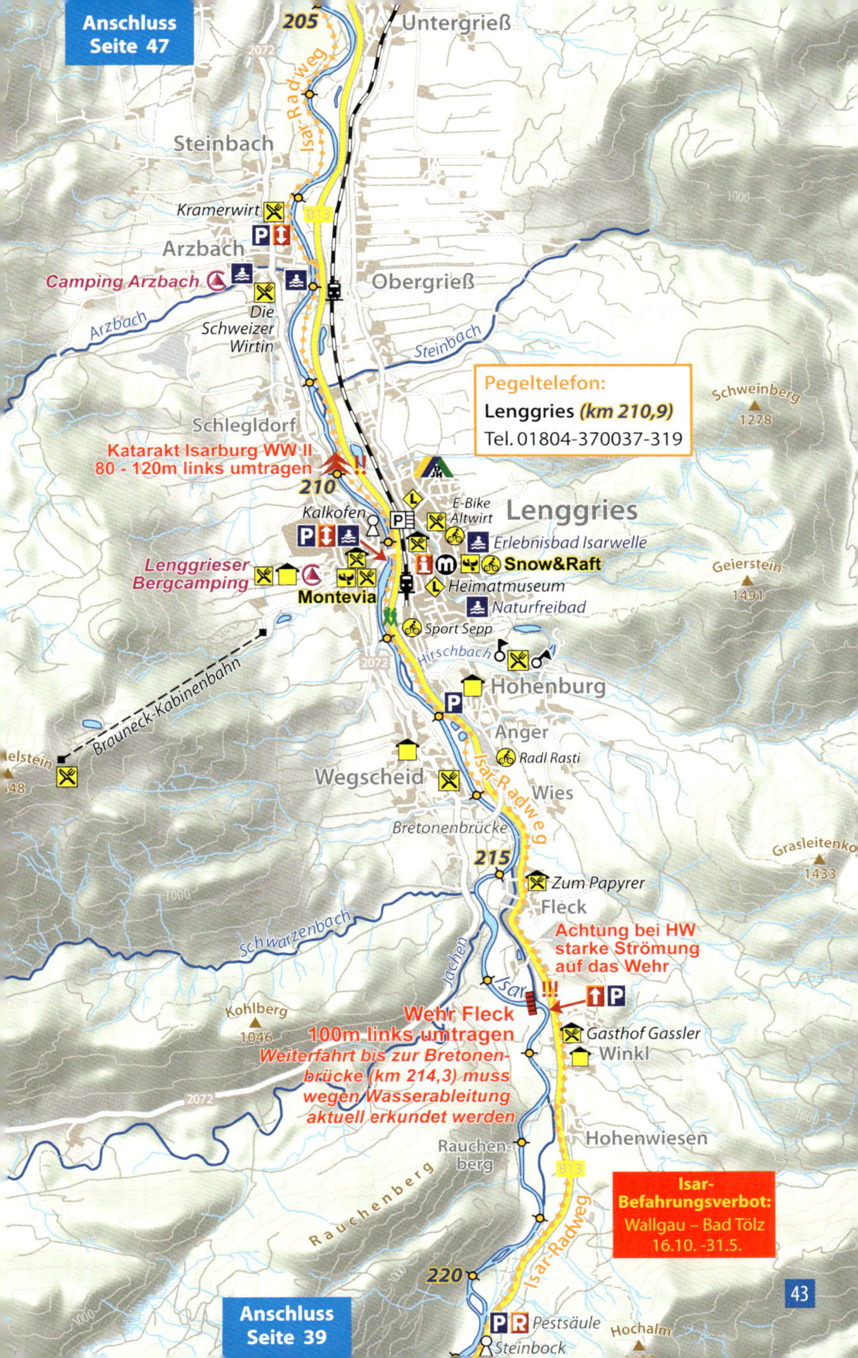
Anschluss Seite 47
205
Untergrieß
Isar-Radweg
Steinbach
Kramerwirt
Arzbach
Camping Arzbach
Die Schweizer Wirtin
Obergrieß
Arzbach
Steinbach
Pegeltelefon:
Lenggries (km 210,9)
Tel. 01804-370037-319
Schweinberg
1278
Schlegldorf
Katarakt Isarburg WW II
80 - 120m links umtragen
210
Kalkofen
E-Bike Altwirt
Lenggries
Erlebnisbad Isarwelle
Lenggrieser Bergcamping
Snow&Raft
Geierstein
1491
Montevia
Heimatmuseum
Naturfreibad
Sport Sepp
Hirschbach
Brauneck-Kabinenbahn
Hohenburg
Anger
Radl Rasti
Wegscheid
Wies
Isar-Radweg
Bretonenbrücke
215
Grasleitenkopf
1433
Zum Papyrer
Fleck
Achtung bei HW starke Strömung auf das Wehr
Schwarzenbach
Jachen
Isar
Kohlberg
1046
Wehr Fleck
100m links umtragen
Weiterfahrt bis zur Bretonenbrücke (km 214,3) muss wegen Wasserableitung aktuell erkundet werden
Gasthof Gassler
Winkl
Hohenwiesen
Rauchenberg
Rauchenberg
Isar-Befahrungsverbot:
Wallgau – Bad Tölz
16.10. -31.5.
Isar-Radweg
220
Anschluss Seite 39
Pestsäule
Steinbock
Hochalm

Blick auf Bad Tölz

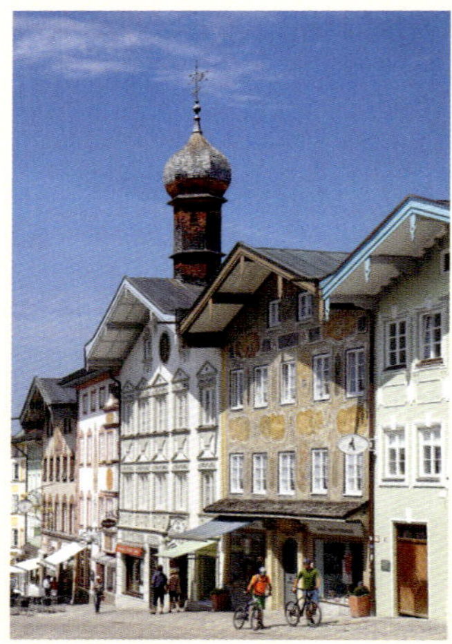

Marktstraße in der Tölzer Altstadt

Bad Tölz ist die größte Stadt im Isarwinkel, hat rund 19.000 Einwohner und ist heilklimatischer Kurort. Die reizvolle Altstadt zieht sich über die Marktstraße bis zur Salzstraße hoch. Hier kommt man am historischen Weinhaus Schwaighofer vorbei, in dem sich auch eine Schnapsbrennerei befindet. In der Salzstraße befand sich früher eine Siedlung mit Schmieden und Lagerhäusern. Salzhandel, Flößerei und Brauwesen haben die Stadt reich gemacht. Das kann man an den hübsch gestalteten Häuserfassaden mit den Lüftlmalereien gut erkennen.

Mit Ende des Dreißigjährigen Krieges und dem rauher werdenden Klima zu Beginn der Kleinen Eiszeit wurde der bisherige Weinanbau uneffektiv und es entstanden in Tölz mehr als 20 Brauereien. Im 17. Jh. wurde die auf Tuffgestein erbaute Stadt zum Bier-Hauptlieferanten für das auf Kies gebaute München. Von den mit Eis aus der Isar gekühlten Lagerkellern in Flussnähe gingen beispielsweise im Jahr 1782 ganze 8.730 Eimer Bier (ca. 5.600 Hektoliter) in die Landeshauptstadt.

Das größte Event in Tölz ist der Leonhardiritt am 6. November rund um die etwas oberhalb der Stadt gelegene Kalvarienbergkirche. Ein Besuch des Stadtmuseums gibt Einblick in Geschichte und Brauchtum der Stadt, die bereits 1155 urkundlich erwähnt wurde. Heute tragen die jodhaltigen Quellen im Heilklimapark „Tölzer Land" zum touristischen Erfolg bei. Kletterer schätzen das große DAV-Kletterzentrum im Sportpark.

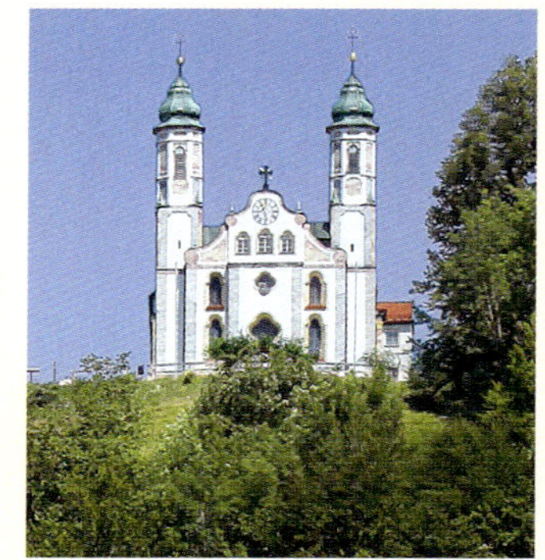

Kalvarienbergkirche hoch über dem rechten Isarufer

Bad Tölz war eine Wiege des Kanusports: 1905 startete der Student Alfred Heurich in einem selbstgebauten Faltboot zu einer Fahrt auf der Isar nach München. Später wurden hier bis in die 70er Jahre die Pionier-Faltboote gebaut.

Tourist-Infos: Marktstraße 48 *(Di-So10-17)*, Tel. (08041) 793 51 56, und Max-Höfler-Platz 1 *(Mo-Fr 9-18)*, Tel. (08041) 786 70, www.bad-toelz.de

① ***Marktstraße*** mit der ehemal. Posthalterei im heutigen Kolberbräu.

② ***Stadtpfarrkirche*** (1466) mit Flügelaltar, Altarkrippe mit lebensgroßen Figuren.

③ ***Bürgerbräu Stadtmuseum.*** Das mächtige Gebäude aus dem Jahre 1602 war lange Zeit das Rathaus und beherbergt seit 1982 das sehenswerte Stadtmuseum mit dem Tölzer Heimatwerk (Kunsthandwerk) sowie die Tourist-Info. Die Außenfassade wurde durch Kastenerker untergliedert und ist mit Lüftlmalereien geschmückt. *Marktstr. 48, Tel. (08041) 79 35 157, Mi-Sa 10-17, Erw. 2,- €.*

④ ***Altes Rathaus*** (1626). Vor dem Bürgerbräu war dieses Gebäude das erste Rathaus der Stadt. Heute befinden sich Läden im Erdgeschoß.

⑤ ***Mühlfeldkirche*** (16. Jh.) in der Salzstraße. Geht aus einer Wallfahrtskapelle hervor mit Werken von Josef Schmutzer und Matthäus Günter.

⑥ ***Kalvarienbergkirche*** auf einer Anhöhe rechts oberhalb der Isar (1711-1732). Neben dem Panoramablick auf Stadt, Isartal und Karwendel, begeistert die barocke Doppelkirche mit der überbauten „Heilige Stiege".

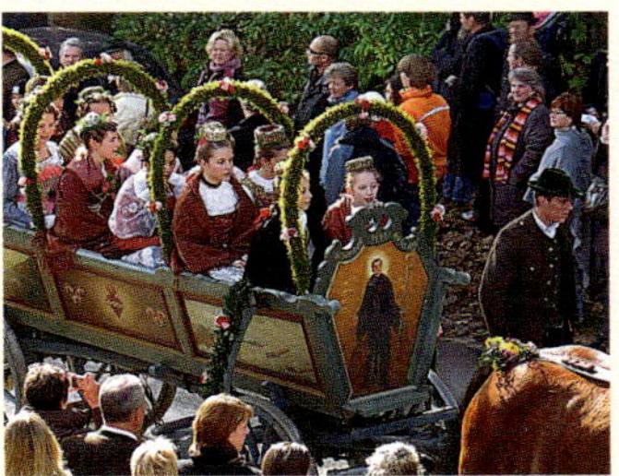

Leonhardiritt

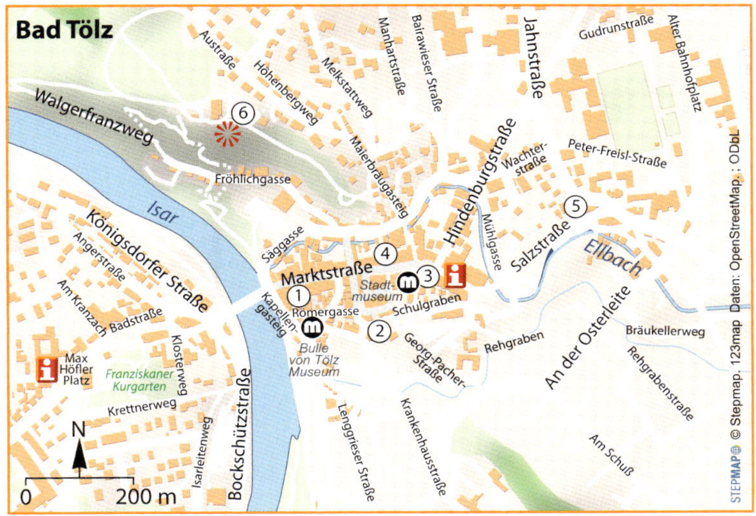

km 201,2

Action & Funtours
(08041) 79 60 96
(089) 850 59 04

Lindenhof
(08041) 799 27 40

Schwingshackl
(08041) 60 30

Wieder im Boot, unterfährt man die Brücke und hat nach etwa 500 Meter am linken Ufer die Möglichkeit an einem großen *Parkplatz* und *Wohnmobilstellplatz* *(Königsdorfer Straße)* auszusetzen. An Wochenenden ist dieser meist sehr voll. Links des Parkplatzes, flussauf, hat neben dem kultigen Imbiss *„Isar Drive"* der *Outdoor-Veranstalter „Action & Fun"* seinen Sitz. Neben der Canadier- und Schlauchbootvermietung können auch zahlreiche andere Outdoor-Aktivitäten in der Region gebucht werden. Rechts des Parkplatzes, also flussab, gelangt man gleich zum sympathischen *Gasthof Lindenhof*.

Am gegenüberliegenden Ufer gibts bei *Schwingshackl* im alten Fährhaus gehobene Gastronomie und Zimmer.

Nach Unterfahren einer Fußgängerbrücke macht sich der Rückstau des ***Isarstausees Tölz*** bemerkbar.

km 199

Wehr
links 200 Meter umtragen

Das *Wehr* am Kraftwerk **Bad Tölz** ist *unbefahrbar* und muss links auf etwa 200 Metern *umtragen* werden. NICHT das Wehr befahren oder durchs offene Schütz fahren, es hat hier schon mehrere tödliche Unfälle gegeben.

km 198,9

Hinter dem Wehr besteht rechts (besserer Platz) oder links die Möglichkeit zum Einstieg, um von hier Richtung München zu paddeln.

Linksufrig gibt es nur einen sehr kleinen *Parkplatz* an der Straße nach Königsdorf und es sind ca. 200 Meter mit der Ausrüstung zum *Einbootplatz* zu bewältigen.

(700 m)

Die *Einsetzstelle* am östlichen Ufer erreicht man über die Straßen *Bairawieser Straße*, dann *„Im Farchet"* *(Beschilderung „Gewerbegebiet Farchet, Isar-Kraftwerk", Navi: Isarkraftwerk 3).* Am Wendepunkt der Straße kann man sein Boot über eine Treppe zum Einstieg bringen. Hier sollte nur abgeladen, jedoch nicht geparkt werden. 700 Meter entfernt gibt es einen *Wanderparkplatz* im Gewerbegebiet.

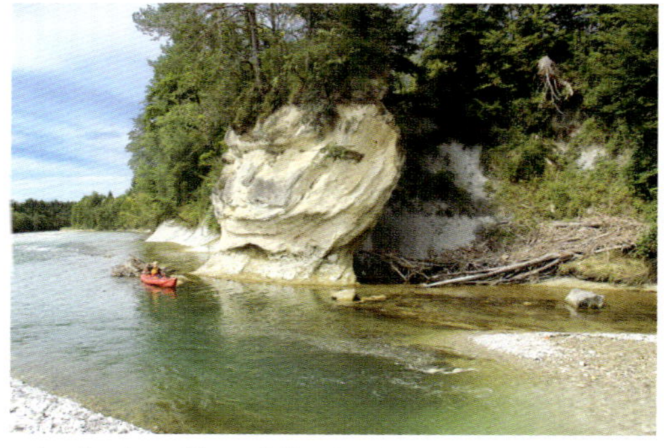

Am Sandsteinfelsen „Gelber Stein" im NSG Leitzinger Au

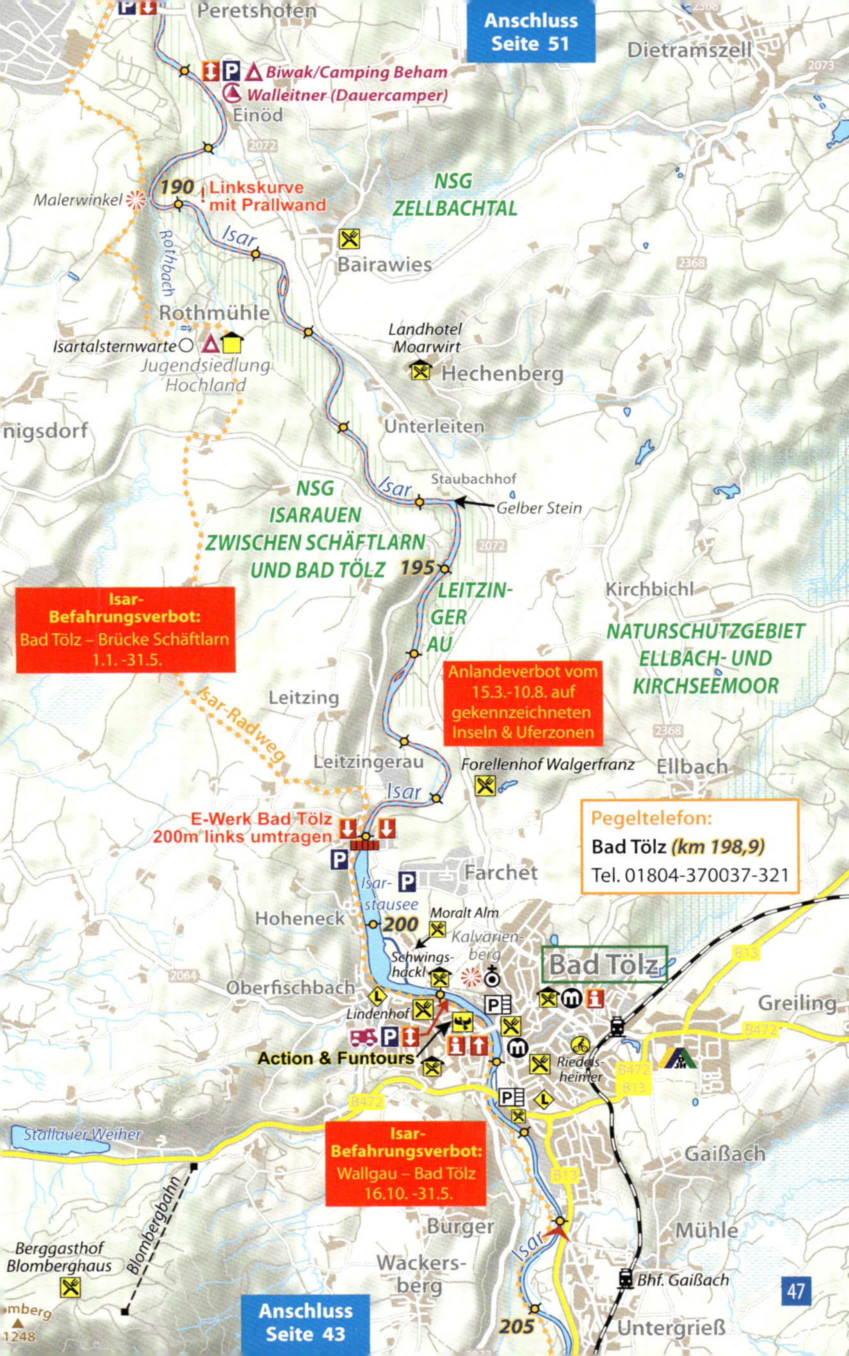

Peretshofen
Anschluss Seite 51
Dietramszell
Biwak/Camping Beham
Walleitner (Dauercamper)
Einöd
2072
190
Linkskurve mit Prallwand
Malerwinkel
NSG ZELLBACHTAL
Isar
Rothbach
Bairawies
2368
2073
Rothmühle
Isartalsternwarte
Jugendsiedlung Hochland
Landhotel Moarwirt
Hechenberg
nigsdorf
Unterleiten
Staubachhof
NSG ISARAUEN ZWISCHEN SCHÄFTLARN UND BAD TÖLZ
Isar
Gelber Stein
2072
195
LEITZINGER AU
Kirchbichl
NATURSCHUTZGEBIET ELLBACH- UND KIRCHSEEMOOR
Isar-Befahrungsverbot: Bad Tölz – Brücke Schäftlarn 1.1.-31.5.
Leitzing
Anlandeverbot vom 15.3.-10.8. auf gekennzeichneten Inseln & Uferzonen
2368
Isar-Radweg
Leitzingerau
Forellenhof Walgerfranz
Ellbach
Isar
E-Werk Bad Tölz 200m links umtragen
Pegeltelefon:
Bad Tölz (km 198,9)
Tel. 01804-370037-321
Farchet
Isar-stausee
Hoheneck
Moralt Alm
200
Kalvarienberg
Schwingshackl
Bad Tölz
B13
2064
Oberfischbach
Greiling
Lindenhof
B472
Action & Funtours
Riedelsheimer
B472
B13
B472
Stallauer Weiher
Isar-Befahrungsverbot: Wallgau – Bad Tölz 16.10.-31.5.
Gaißach
B13
Blombergbahn
Burger
Mühle
Berggasthof Blomberghaus
Isar
Wackersberg
Bhf. Gaißach
mberg
1248
Anschluss Seite 43
205
Untergrieß

Wieder im Wasser, flankieren gleich zu Beginn linksufrig hohe Geschiebewälle den Fluss. Die Ufer sind zunächst noch flach. Mischwälder begleiten die Flussaue. Wir befinden uns im *NSG Leitzinger Au*. Bis zur ***Loisachmündung*** besteht an den gekennzeichneten Inseln und Uferzonen vom **15.3.-10.8. Anlande- & Betretungsverbot. Auf den Kiesinseln befinden sich oft Gelege der vom Aussterben bedrohten Vögel Flussseeschwalbe und Flussuferläufer.**

NSG Leitzinger Au

Rechts passiert man den markanten ***Sandsteinfelsen „Gelber Stein“*** in Höhe des oberhalb gelegenen Staubachhofs. **Achtung: Felsen unter Wasser! *Links fahren.***

km 194,3
Felsen, links fahren

Nur 2,4 Kilometer nördlich, leider nicht am Wasser, finden Sie in **Hechenberg** das *Bio-Landhotel „Moarwirt“*, wer Wert auf richtig gutes, leckeres Essen legt, ist hier richtig.

Moarwirt
(08027) 10 08
Mo & Di Ruhetag

Nach einer ***Linkskurve mit Prallwand*** mündet 400 Meter weiter von links der ***Rothbach***. Am Steilhang oben hat man vom „***Malerwinkel***“ einen tollen Panoramablick. Hier führt auch der IsarRadweg entlang. Sternengucker können etwas südlich von hier die ***Isartalsternwarte*** bei **Königsdorf-Rothmühle** besuchen *(abends Sternführungen, siehe Adressteil)*.

km 190
Linkskurve, Prallwand **!**
km 189,6

Daneben befindet sich die *Jugendsiedlung Hochland* (siehe Adressteil), ein empfehlenswertes und preiswertes Basislager für Familien und Gruppen die mehrere Tage vor Ort sind. Neben der Jugendbildungsstätte gibt es ein Hüttendorf, Blockhäuser, Zeltlager, Gastronomie und eine Umweltstation mit umfangreichen erlebnispädagogischen Angeboten. Geführte Touren und Kurse werden angeboten, Schlauchboote und Kletterausrüstung an Bewohner verliehen.

Auch dem Eisvogel bietet die Isar einen Lebensraum

Der beschilderte *Ein- & Ausstieg* **Einöd** befindet sich unmittelbar vor dem mit Dauercampern belegten ***Campingplatz Walleitner***. Für Kanuten gibt es eine einfache Zeltmöglichkeit am danebenliegenden *Camping Beham*

km 188,5
Camping Beham
(08027) 386

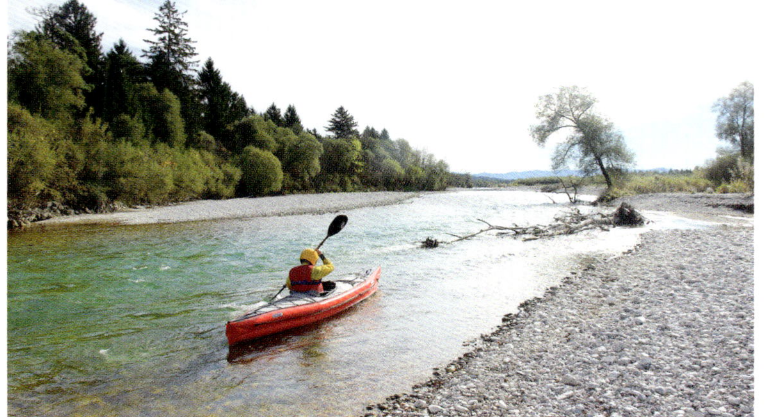

In der Ascholdinger Au sucht sich die Isar ihren Weg zwischen weiten Kiesbänken

im Bereich des Einstiegs. Wenige Meter oberhalb befindet sich ein gebührenpflichtiger *Parkplatz* für Tagesfahrer. Der Gasthof Beham wird nicht mehr betrieben.

An der Straßenbrücke der ST 2369 zwischen **Tattenkofen** (rechts) und **Geretsried** (links) beginnt das *Naturwaldreservat Ascholdinger Au*, Teil des *NSG Pupplinger Au*.

km 187,2

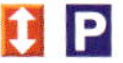

NSG Ascholdinger Au

Die grüne Isar durchfließt weiterhin einen dichten Auwald mit vielen Kiesbänken. Eine Flusslandschaft wie aus dem Bilderbuch, die in den Sommermonaten von vielen Sonnenanbetern genutzt wird und einer reichen Tier- und Pflanzenwelt Raum gibt.

Achtung: Da sich der Flusslauf nach jedem Hochwasser immer wieder verändert, entstehen bei höherem Wasserstand oder nach Hochwassern zahlreiche Gefahren für weniger erfahrene Bootsfahrer (z.B. Unfälle durch Baumversperrungen in den Aussenkurven). **!!!**

Linksufrig, etwas abseits der Isar, liegt **Geretsried**, *ein Ort der erst nach dem 2. Weltkrieg entstand und in dem vor allem vertriebene Sudetendeutsche angesiedelt wurden. Ab 1937 errichteten bis zu 4.000 Zwangsarbeiter getarnte Munitionsfabriken und andere Rüstungseinrichtungen, auf deren Gelände nach 1950 die heutige Stadt Geretsried entstand.*

Von links fließt der ***Loisach-Isar-Kanal*** hinzu und rauscht direkt vor der Mündung über eine ***hohe Stufe***. Hier bildet sich ein ***kräftiger Schwall*** mit einer Surfstelle, ***rechts fah-*** **km 179**

rechts fahren

Linkskurve, Prallwand ! *ren.* Dahinter liegt ein schöner *Rast- und Badeplatz*, aber auch eine starke ***Linkskurve mit einem Prallhang!***.

km 178 Hinter der Straßenbrücke *(Marienbrücke)* der ST 2070 (links **Wolfratshausen**, rechts **Puppling**) befindet sich links der Startpunkt der zwischen Mai und Mitte September stattfindenden sechsstündigen Floßfahrten nach München-Thalkirchen. *Im 19. Jahrhundert wurden etwa 11.000 Flöße gezählt, die auf der Isar von Lenggries über Wolfratshausen Waren, vor allem Baumaterial, nach München, weiter zur Donau und von dort in die weite Welt transportierten.*

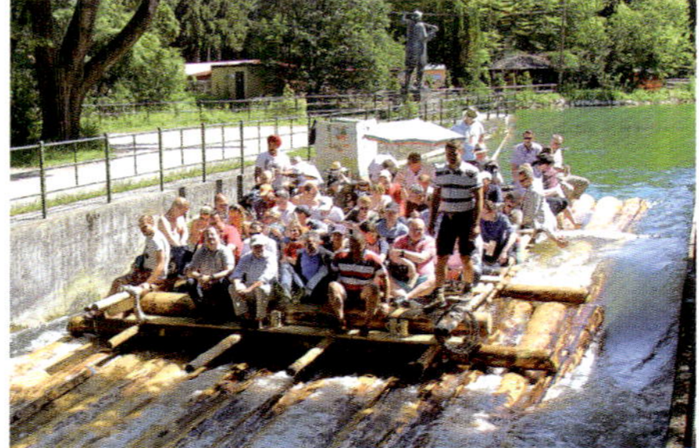
Heute geht es beim Flößen eher zünftig zu

Heute sind die Isarfloßfahrten vor allem eine Gaudi, bei der die Teilnehmer auf rustikalen Bänken sitzen und sich Bier und Brotzeit schmecken lassen, unterhalten von zünftiger Blasmusik.

Gasthaus Aujäger
(08171) 785 56
(Mi-So)

Rechts im Wald versteckt sich in **Puppling** ein gebührenfreier *Parkplatz* (etwa 300 m auf holprigem Pfad zum Einstieg). Hinter dem Parkplatz lädt die echt bayerische Wirtschaft *Gasthaus Aujäger* mit großem sonnigen Biergarten zur Einkehr oder *Übernachtung* ein.

NSG Pupplinger Au

Nun fließt die Isar in einem stark verzweigten Flussbett durch die *Pupplinger Au*.

Der Auwald besteht meist aus Kiefern, Weißerlen und Fichten. Auf den kiesigen und sandigen Böden wachsen Tamarisken und Lavendel-Weidengebüsch. Im Rahmen des „Weideprojekts Isarauen" wird durch Beweidung mit Murnau-Werdenfelser Rindern die Erhaltung dieser artenreichen Auenlandschaft betrieben. Seltene Pflanzen, aber auch eine Vielfalt an Insekten, prägen diese Landschaft. Im Frühjahr und Herbst ziehen Zugvögel aus dem Norden durch oder überwintern hier. An schönen Sommertagen ist dieses Paradies ein beliebtes

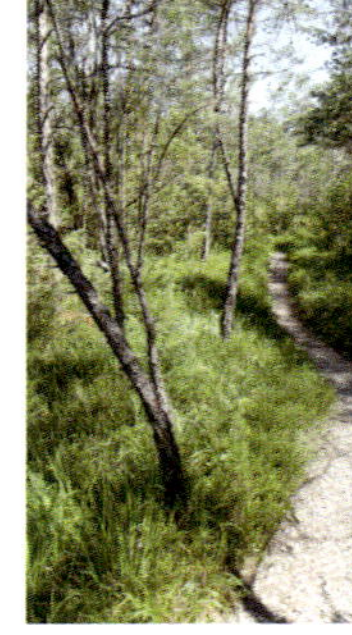

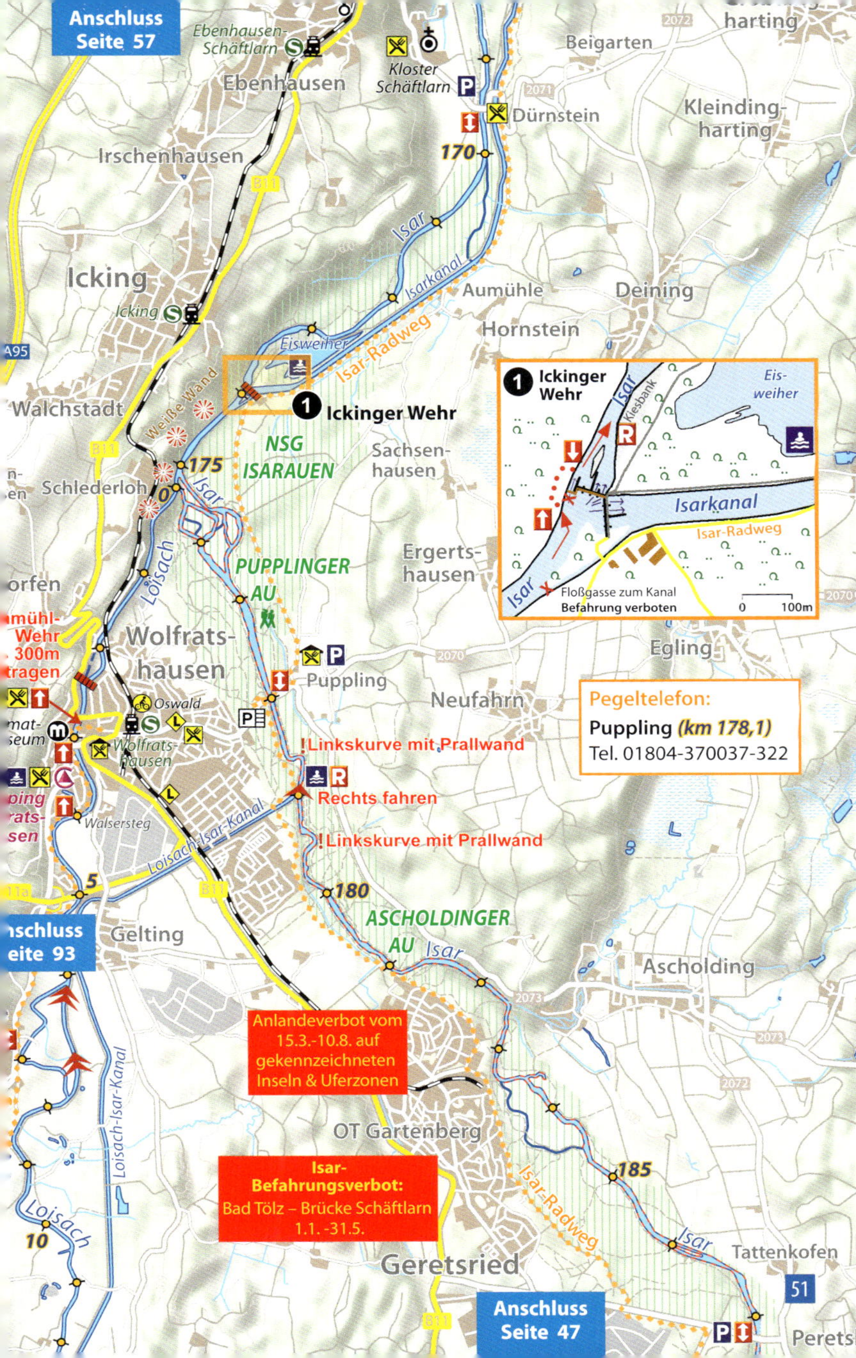

Anschluss Seite 57
Ebenhausen-Schäftlarn
Ebenhausen
Kloster Schäftlarn
Beigarten
Dürnstein
Kleinding-harting
Irschenhausen
170
Isar
Isarkanal
Icking
Aumühle
Deining
Hornstein
Eisweiher
Isar-Radweg
Walchstadt
Weiße Wand
Ickinger Wehr
NSG ISARAUEN
Sachsen-hausen
175
Schlederloh
Loisach
PUPPLINGER AU
Ergerts-hausen
Wolfrats-hausen
Oswald
Puppling
Neufahrn
Egling
Ickinger Wehr
Kiesbank
Eis-weiher
Isarkanal
Isar-Radweg
Floßgasse zum Kanal
Befahrung verboten
0
100m
Pegeltelefon:
Puppling (km 178,1)
Tel. 01804-370037-322
Linkskurve mit Prallwand
Rechts fahren
Linkskurve mit Prallwand
Walsersteg
Loisach-Isar-Kanal
5
180
ASCHOLDINGER AU
Gelting
Ascholding
Anlandeverbot vom 15.3.-10.8. auf gekennzeichneten Inseln & Uferzonen
OT Gartenberg
Isar-Befahrungsverbot:
Bad Tölz – Brücke Schäftlarn
1.1.-31.5.
185
Loisach
10
Isar-Radweg
Tattenkofen
Geretsried
Anschluss Seite 47
51

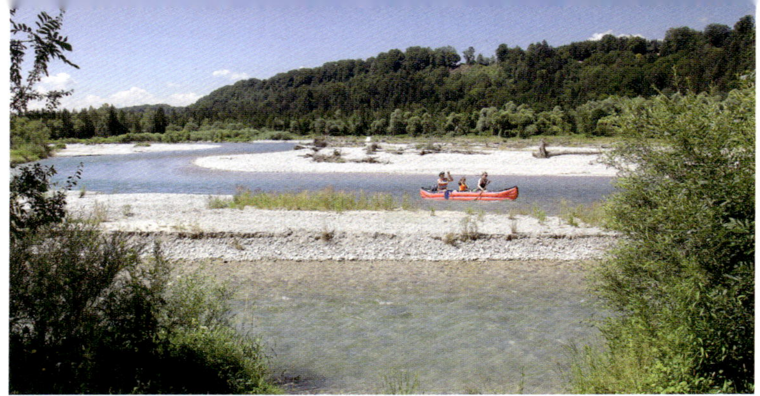

Weitverzweigtes Flussbett an der Loisachmündung

Naherholungsgebiet mit zahlreichen Wanderwegen. Am Fluss genießen Badegäste und Sonnenanbeter auf den Kiesbänken die einmalig schöne Natur. Ein asphaltierter 7 km langer Weg begeistert Inlineskater und Radler.

km 175,1

Es macht großen Spaß im ***Mündungsdelta*** von ***Isar*** und der links hinzufließenden ***Loisach*** zu baden und zu rasten oder einfach nur die Seele baumeln zu lassen. **Unbedingt die Vogelbrutplätze (Kiesbänke!) respektieren und die naturgeschützten Ufer (Schilder) nicht betreten!**

km 174

Wehr Icking
links 80 m umtragen

Am historischen *Ickinger Wehr*, eine der ältesten Kraftwerk-Anlagen Bayerns, ***umträgt*** man ganz ***links*** neben dem Überlauf ca. 80 m **(Befahrung verboten)**. Ein- und Ausstieg sind gut beschildert.
Es ist verlockend, aber eine Befahrung der Floßgasse ganz rechts zum Isarkanal ist ebenfalls verboten!

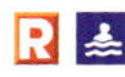

Hinter dem Wehr kann man rechts am Ufer anlegen, um die wenigen Schritte zur traumhaft gelegenen *Bade- und Raststelle* zwischen ***Isarkanal*** und ***Eisweiher*** zu gehen. Im Sommer sonnen sich an dem versteckten See Nackte und Textile unbekümmert nebeneinander.

km 169,4

Bruckenfischer
(08178) 36 35

An der Schäftlarner Straßenbrücke liegt rechts in **Dürnstein** das sehr beliebte *Gasthaus zum Bruckenfischer* mit Biergarten nah am Fluss. Links gibt es einen gebührenpflichtigen *Parkplatz* für Tagesfahrer. Von hier führt ein kurzer Fußweg zum sehenswerten ***Kloster Schäftlarn***.

Von **Schäftlarn** bis zum Wehr Baierbrunn fließt die Isar

Kloster Schäftlarn

Das wenige Meter über dem Isarufer gelegene Benediktinerkloster ist ein Rokokojuwel ersten Ranges. Es geht auf eine Gründung im Jahre 762 zurück. Neben dem Gymnasium und einem Internat betreiben die Mönche heute auch Forstwirtschaft, eine Imkerei und eine Schnapsbrennerei.

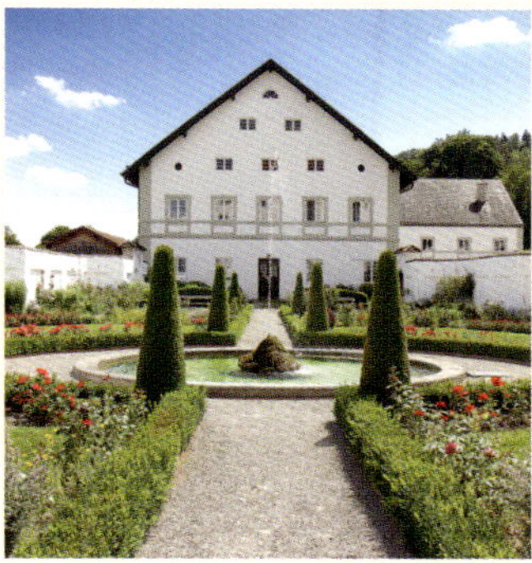

Der Klosterbau wurde 1707 von Giovanni Antonio Viscardi fertiggestellt. Stuck und Deckenfresken stammen zumeist von Johann Baptist Zimmermann.

Ein besonderes Klangerlebnis garantiert die 1996 erbaute Orgel in der zwischen 2004 und 2011 renovierten Kirche.

Unbedingt einen Besuch wert ist der neu gestaltete Prälatengarten (Foto) mit einem kreisförmig eingefassten Springbrunnen auf der Südseite des Klosterbaus. Der Duft von über 80 Rosenarten und Kräutern hängt in der Luft.

km 164,8 - km 162

15.03.-01.09. Uferbetretungsverbot der Kiesinseln, nur den Hauptstrom befahren!

weiterhin sehr naturbelassen nordwärts. Am linken Isarhochufer befindet sich die ***„Birg"*** (Erdwälle mit Grabfunden aus der Bronzezeit). Unterwegs am Fluss kann man vor allem in den Morgenstunden Eisvögel und zahlreiche Vogelarten wie Mandarinenten beobachten. Einige Altwasser unterhalb der Mischwaldhänge kennzeichnen diesen Flussabschnitt der wegen seiner Artenvielfalt häufig von Ornithologen besucht wird.

km 163,2

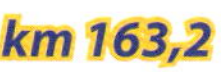

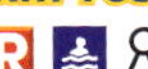

Der markante ***Nagelfluh-Felsen „Georgenstein"*** *mit seiner St. Georgs-Figur auf der Spitze, war früher bei Hochwasser der Schrecken der Flößer. Der Legende nach soll der Heilige Georg hier einen Drachen erschlagen haben. Damals stand der Felsklotz mitten im Fluss.*

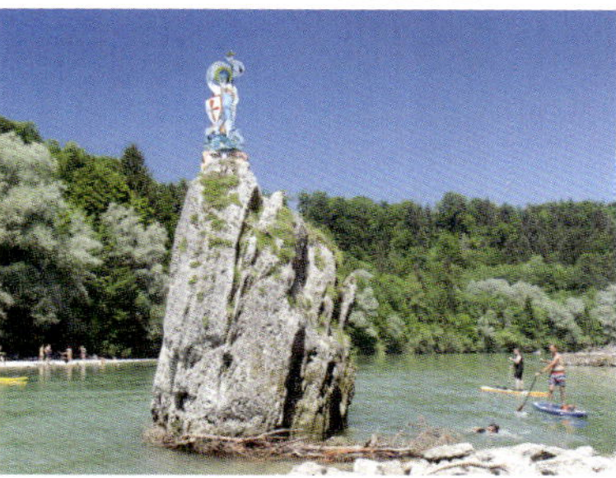

SUP-Paddler am Georgenstein

Heute strömt das Wasser links vorbei, eine Umbaumaßnahme im Flussbett hat die einstige Gefahrenstelle entschärft. Ob der Felsen als Brückenpfeiler diente, als die Römer hier auf der Via Julia den

Fluss überschritten, ist nicht bewiesen. Am Georgenstein kann man *schwimmen* und *rasten*. Das Panorama mit den Bergen im Hintergrund ist wirklich sagenhaft. Einige klettern auch auf den Stein und springen unter Applaus der vorbeitreibenden Gaudifloß-Besatzungen in die Fluten.

Achtung! ***Bei Staulegung am Wehr kann nicht in den trockenliegenden Kanal eingefahren und wegen der starken Strömung auch nicht angelandet werden. Sportboote (auch Paddler) werden am Georgenstein von einem motorisierten Schlauchboot informiert und zum Anladen aufgefordert.***

km 162,6

km 162,5

Wehr Baierbrunn
links ins Schütz einfahren und gleich rechts 100 m in die Isar umsetzen.

Wenig später passiert man am linken Hochufer den beliebten ***Klettergarten Baierbrunn*** in **Buchenhain,** dann erreicht man das *Wehr Baierbrunn*. Bei einem Pegelstand „Pegel München" unter 90 cm (www.hnd.bayern.de/pegel/isar) sollte man im ***Isar-Werkkanal*** weiterfahren!

Die ***Isar*** ist meist jedoch ganzjährig befahrbar. Bei unproblematischem Wasserstand fährt man links durchs offene Schütz in den ***Kanal*** und legt gleich rechts zum Umtragen (ca. 100 m) an, um wieder in die ***Isar*** einzusetzen.

km 161,8

Wehr Höllriegelskreuth
re 200 m umtragen
Wehr Pullach
re 250 m umtragen

Fährt man im ***Isar-Werkkanal*** weiter, umträgt man nach wenigen hundert Metern das *Wehr Höllriegelskreuth* rechts ca. 200 m, setzt über Treppen (etwas steil) wieder ein und muss nach weiteren 3 Kilometern bei ***km 158,8*** das *Wehr Pullach* rechts 250 Meter umtragen.

km 160

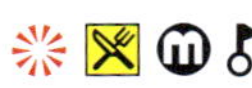

Auf der ***Isar*** weiterpaddelnd, besteht direkt nach dem Brückenpfeiler der *Grünwalder Brücke*, rechts die Möglichkeit zum *Anlegen*. Der *Parkplatz* liegt steil oberhalb an der Straße. In einem *Kiosk* erhält man Getränke, Eis und Snacks. Die Straße weiter hoch gelangt man zur spätmittelalterlichen ***Höhenburg*** **Grünwald** (12. Jh.), *ehemals Jagdschloss und Gefängnis, der der Kabarettist Karl Valentin mit dem Gaudi-Lied „Die oiden Rittersleid" ein Denkmal gesetzt hat. Ein* **Burgmuseum** *stellt die Geschichte der Burg in den Mittelpunkt, aber auch Burgen aus dem Isartal und aus ganz Bayern, von der frühmittelalterlichen Fliehburg bis zur romantischen Ritterburg werden vorgestellt.* Im Ostflügel befindet sich der *Museumsshop* und ein *Café*. Vom Turm hat man eine tolle Aussicht auf das Isartal.

Burgmuseum Grünwald
(089) 641 32 18
Karsamstag bis Allerheiligen
Mi-So 10-17

Brückenwirt
(089) 793 01 67

Auf der **Pullach**er Seite der Brücke befindet sich der *„Brückenwirt"*, ein weiterer empfehlenswerter Biergarten.

km 158,8

Sohlschwelle
links befahrbar

Vom Kanal bekommen wir von links Wasserzuschuss, und mit Schwung gehts durch die links befahrbare *Sohlschwelle*. Wer ab Wehr Baierbrunn auf dem ***Isar-Werkkanal*** gepaddelt ist, muss hier das *Wehr Pullach* auf der rechten Seite etwa 250 m umtragen.

Umsetzen und Weiterfahrt zur Floßlände

km 156,3 Wer am Campingplatz Thalkirchen oder am Parkplatz Zentrallände die Tour beenden möchte, setzt linkerhand über den Damm in den ***Isar-Werkkanal*** um, um später in den ***Floßkanal*** einzufahren.

Dies ist vor allem bei sehr niedrigem Wasserstand sinnvoll oder wenn man den langen Weg von der Aussetzstelle in Thalkirchen zum Campingplatz oder zu den Parkplätzen vermeiden will. Die Umsetzstelle ist ausgeschildert, Treppen und Rollen erleichtern das Umsetzen in den Kanal.

km 156 Auf dem ***Isar-Werkkanal*** durchfährt man bald darauf an der ***Wehranlage Großhesselohe*** eine meist geöffnete Sperrschützenanlage.

Wenig später liegt unmittelbar vor der Großhesseloher Brücke am linken Ufer *„Ronnie's Kiosk"* mit Biergarten.

km 154,6 Am ***Flößerdenkmal „Der Isarflößer"*** (Foto links) fahren wir nach links durchs offene Schütz in den ***Floßkanal*** (auch ***Ländkanal***). Es folgen mehrere spritzige Passagen wie *„Sauloch"* oder *„Schaukelpferd"* und nach der abschließenden „Surfwelle" landet man in der 400 Meter langen ***Floßlände*** (auch ***Zentrallände***) und legt am *Campingplatz Thalkirchen* (links) oder am **P** *Parkplatz Zentrallände* (rechts) an.

Vorsicht ist zwischen Mai und Mitte September wegen der Ausflugsflöße geboten, die man aber schon von weitem hört.

Ab Mitte September ist eine Befahrung des ***Floßkanals*** nur noch eingeschränkt möglich (z.T. wegen Wettkämpfen).

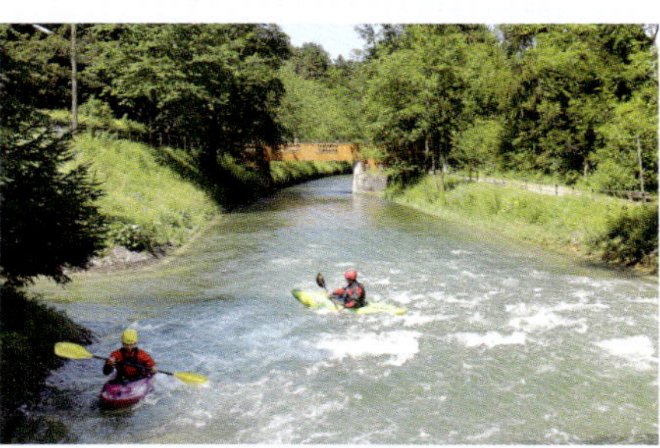

Übungsstelle am Floßkanal

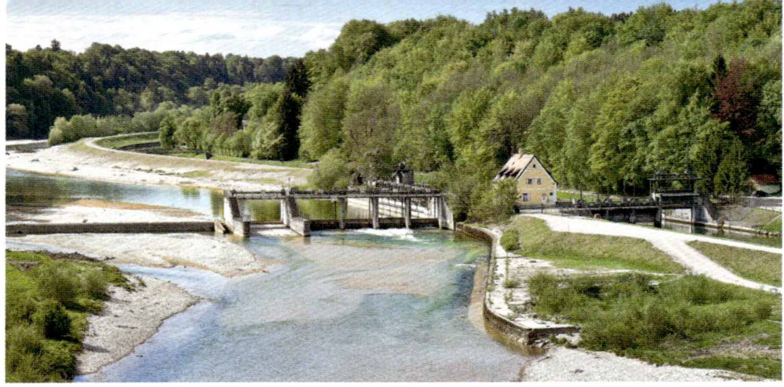

Das Wehr Großhesselohe ist kurz zu umtragen, im Kanal durchfährt man das offene Schütz

km 156,4

Waldwirtschaft
(089) 74 99 40 30
Mo-So 10-22.30

Links oben am Hochufer von **Großhesselohe** liegt der beliebte *Biergarten „Waldwirtschaft"* mit seiner bayerischen Traditionsküche, einer gewissen exklusiven Eleganz, gemütlicher Stube und Jazzbiergarten. Über eine Fußgängerbrücke gelangt man über den Kanal und dann steil bergauf zur Waldwirtschaft.

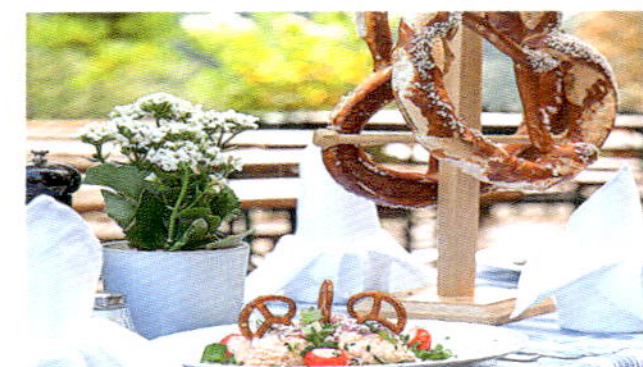

Bavaria Filmstadt
(089) 64 99 20 00
tgl. 9-18/10-17

Rechts oben befindet sich nur wenige hundert Meter entfernt die *Bavaria Filmstadt*, für deren Besuch man ein bisschen Zeit einplanen sollte.

Es folgen einige befahrbare ***Sohlrampen*** auf der Isar.

km 156

Wehr 
Großhesselohe
rechts umtragen

Das ***Wehr Großhesselohe*** ist ***unbefahrbar*** und erfordert je nach Wasserstand eine kurze oder auch längere ***Umtragung*** auf der rechten Seite.

km 155,6

Ronnie´s Kiosk
0176-99 60 79 55
Wochenende

Isarfräulein *(Mi-So)*
0177-289 50 56
www.isarfraeulein.de

Kurz darauf ist man auch schon an der *Großhesseloher* **Brücke.** *Die erste Brücke wurde 1851-1857 erbaut, der Neubau, eine Eisenbahnbrücke mit kombiniertem, innerhalb der Fachwerkkonstruktion verlaufendem Rad- und Fußweg, erfolgte 1983-85. Wegen ihrer Höhe von 42 Metern war die Brücke häufig Ort für Selbsttötungen – zwischen 1877 und 1978 sprangen hier 290 Menschen in den Tod! Heute ist der Fußgängerbereich komplett vergittert.* Gleich dahinter führt eine Fußgängerbrücke über den Kanal, z. B. um sich oben am Hochufer beim *Kioskcafé Isarfräulein* zu erfrischen.

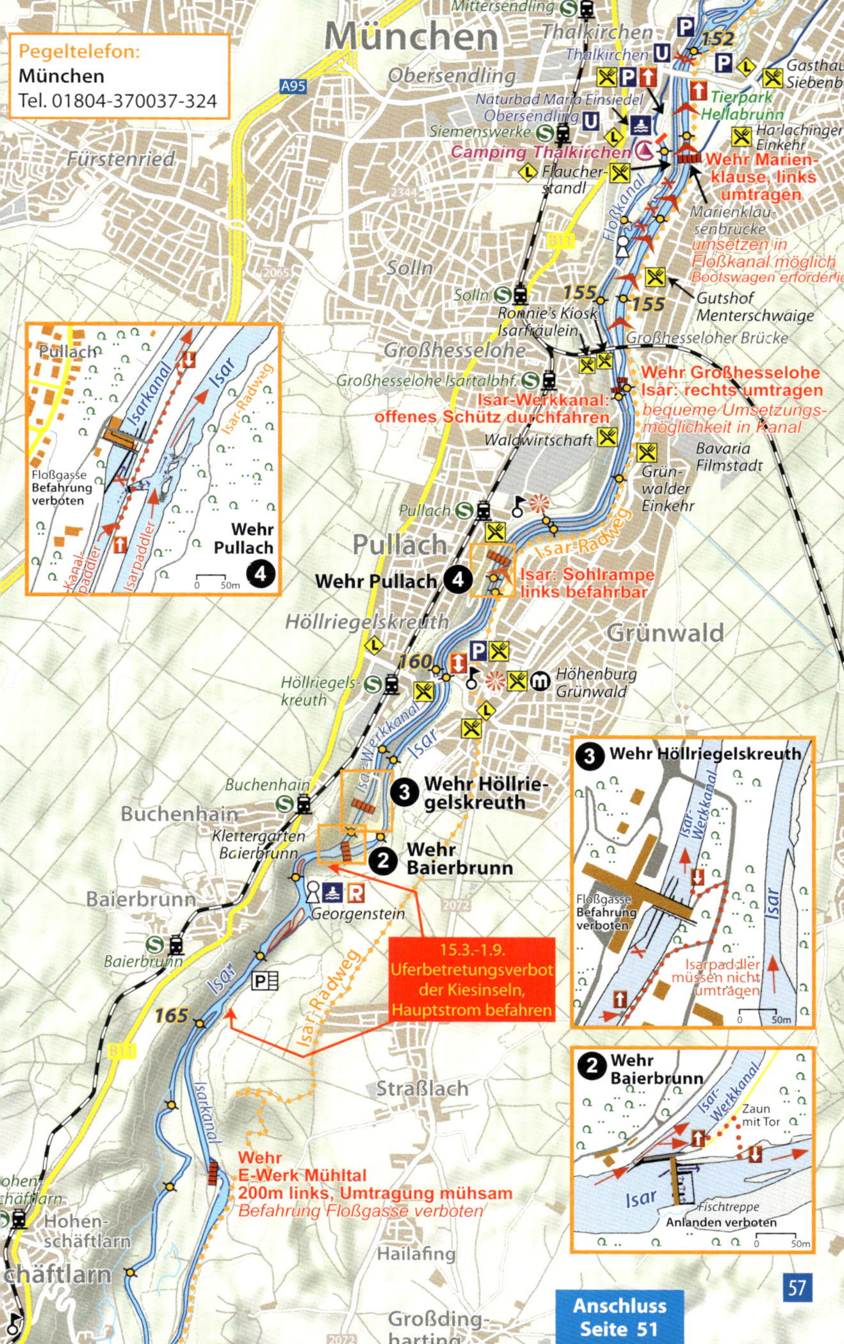

Anschluss Seite 51

Auf den nächsten zwei Kilometern folgen einige befahrbare *Sohlrampen*, die sich immer wieder ändern.

km 153,5

Wehr 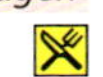
links umtragen

An der Fußgängerbrücke *Marienklausensteg* wird das *unbefahrbare Wehr links umtragen* (bei höherem Wasserstand frühzeitig anlanden). Geübte Paddler können rechts über die Floßgasse fahren (Achtung: bei Hochwasser entsteht hier eine gefährliche Walze!). Über den *Steg* und die *Marienklausenbrücke* über den Kanal hinüber lockt bei schönem Wetter der *Flaucherstandl Kiosk*.

Flaucherstandl
Mo-So 12-20
bei gutem Wetter

Bis zum Tourende folgen noch 4 befahrbare *Sohlrampen*.

km 152,3

Tierpark Hellabrunn
(089) 625 08-0
tgl. 9-18

Vor der ***Thalkirchner Brücke*** ist das *Aussetzen* am kiesigen Ufer links oder rechts gut möglich. Zur *Haltestelle „Thalkirchen"* der U 3 kommt man nach etwa 400 Metern über die Brücke. Der im Wald gelegene *Parkplatz* des *Tierparks Hellabrunn* ist 300 Meter entfernt (gebührenpflichtig, am Wochenende oft überfüllt). Einen Parkplatz (gebührenfrei) findet man nach 900 Meter Fußweg in Fließrichtung an der Straße „Am Isarkanal".

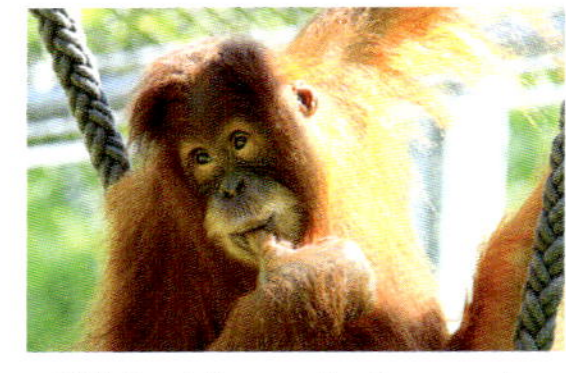

Gibt's nicht an der Isar – aber im Tierpark Hellabrunn

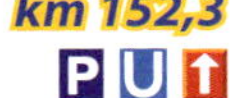

Naturbad Maria Einsiedel
Sommer tgl. 9-18

Villa Floßlände
0174-466 77 11
Mo & Di Ruhetag

Camping München-Thalkirchen
(089) 723 17 07

Den gebührenpflichtigen Parkplatz beim *Natur-Freibad Maria Einsiedel* in der *Zentralländstraße* erreicht man, am linken Ufer entgegen der Strömung gehend, nach ca. 600 Metern. Gleich nebenan lockt das *Gasthaus „Villa Floßlände"* zur genüsslichen Einkehr im tropisch bepflanzten Villengarten oder im prächtigen Neurenaissance-Gebäude. Der *Campingplatz* liegt noch 200 Meter weiter südlich und direkt an der ***Floßlände.***

Die Isar im Stadtgebiet:

Eine Weiterfahrt ab Thalkirchner Brücke durch München ist verboten!

Die neue Isar-Regulierung könnte aber zum Umdenken führen, sodass eine Befahrung zumindest bis in die Stadtmitte Wirklichkeit werden könnte. Aktive Kreise des Bayerischen Kanuverbandes kämpfen seit Jahren mit den Behörden um eine Aufhebung des Verbots.

Es wäre eine kleine Entschädigung für die immer schlechtere Trainingssituation der Münchner Kanuten in der Paddelhauptstadt München, die es immerhin auch geschafft hat, eine „Fahrradhauptstadt" zu werden.

Blick auf München

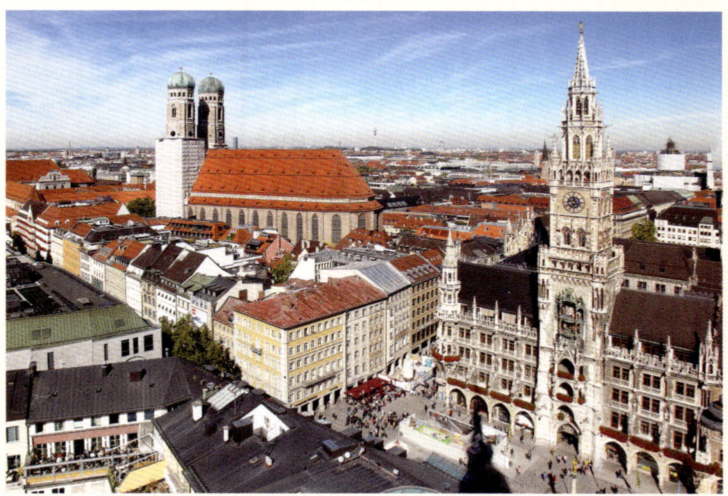

Blick von St. Peter auf das Rathaus am Marienplatz und die Frauenkirche

Die bayerische Landeshauptstadt ist einen ausgiebigen Besuch wert. Zahlreiche italienische Baumeister bestimmen heute noch das Bild der Altstadt. Darüber hinaus bringt häufig Föhn mildes Klima und die bezaubernde Voralpenlandschaft mit den Seen sowie die nahen Berge sorgen für besondere Attraktivität.

München ist eine Kunststadt mit zahlreichen Museen sowie eine Stadt der Lebensfreude. In den Sommermonaten zieht sich die renaturierte Isar wie ein grünes Band durch die Stadt und in den Biergärten und Kneipen pulsiert das pralle Leben.

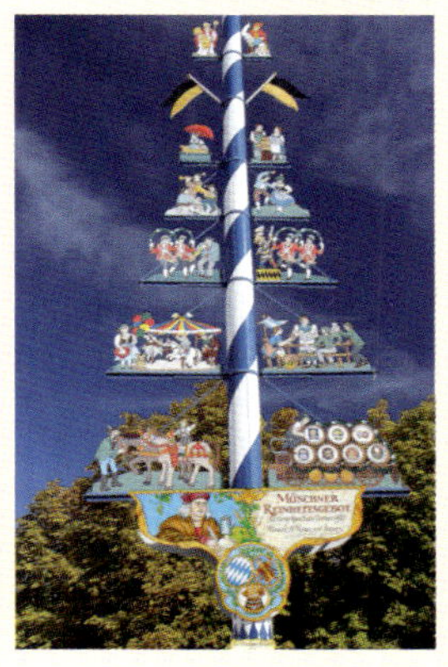

1158 gegründet, war die Stadt lange Zeit Sitz der Wittelsbacher Herrscher und ist heute mit seinen großen Dax-Konzernen eine Metropole ersten Ranges mit vielen Universitäten und einem florierenden Arbeitsmarkt. Dass die Millionenstadt München auch eine Weltstadt mit Herz ist, erwies sich im Sommer 2015, als Tausende von Flüchtlingen aus den Krisengebieten hier ganz besonders herzlich aufgenommen wurden.

Auch sportlich werden Maßstäbe gesetzt: der FC Bayern München gehört zu den erfolgreichsten und beliebtesten Fußballclubs der Welt.

① ***Marienplatz mit Rathaus.*** Das Herz Münchens und beliebter Treffpunkt um das Glockenspiel zu sehen *(tgl. 11 + 12 Uhr, Mär-Okt auch 17 Uhr).*

② ***Asamkirche.*** Barockes Kirchenkleinod und Meisterwerk der Brüder Cosmas Damian und Egid Quirin Asam.

③ ***Stadtmuseum am Jakobsplatz.*** Wechselnde Ausstellungen über die Geschichte Münchens. Gegenüber das Jüdische Zentrum mit dem Kubus der Synagoge Ohel Jakob.

④ ***Viktualienmarkt.*** Münchens bekanntester und kulinarisch bedeutsamer Markt mit der Kulisse der Pfarrkirche St. Peter. Vom Turm der Kirche bei Föhnwetter toller Alpenblick, www.mein-viktualienmarkt.de

⑤ ***Deutsches Museum.*** Größtes naturwissenschaftlich-technisches Museum der Welt. Gründung durch Oskar von Miller im Jahre 1903.
Tgl. 9-17, Eintritt Erw. 11,- €, www.deutsches-museum.de

⑥ ***Valentin-Karlstadt-Musäum*** der beiden Münchner Originale. Sicher das originellste Museum der Stadt. Im Isartor am Rand der Altstadt. *Mo, Di, Do 11-17.30, Fr+Sa 11-18, So 10-18, Eintritt 2,99 €,* www.valentin-musaeum.de

⑦ ***Hofbräuhaus.*** Münchens bekanntestes Wirtshaus mit historischem Festsaal („Schwemme"), www.hofbraeuhaus.de

⑧ ***Residenz.*** Prunkvoller Sitz der Wittelsbacher. Höhepunkt sind das 66 Meter lange Antiquarium, der größte profane Renaissanceraum nördlich der Alpen und das Cuvilliés Theater, ein Juwel des Rokoko.
Apr-Mitte Okt 9-18, sonst 10-17. Eintritt Erw. 7,- €, www.residenz-muenchen.de

⑨ ***Hofgarten (Park am Odeonsplatz).*** Von Herzog Maximilian I. im Stil der Renaissance 1613 angelegt, im Zentrum liegt der Dianatempel – hier wird

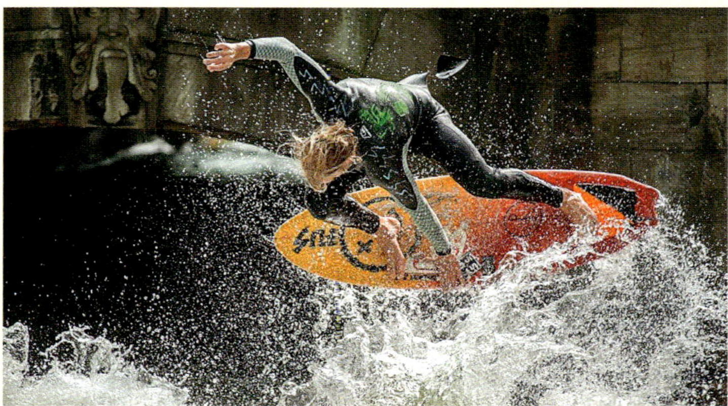

Surfer an der Eisbachwelle

an Sommerabenden Tango, Salsa oder Swing getanzt).

(10) ***Kunsthalle*** der Hypo-Kulturstiftung. Wechselnde Ausstellungen präsentieren sich im Herzen einer noblen Einkaufsmeile, *tgl. 10-20*, www.kunsthalle-muc.de

(11) ***Frauenkirche.*** Der Münchner Dom, ein karger spätgotischer Bau, aber mit einer Fülle schöner Altäre und Glasfenstern sowie dem Prunkgrabdenkmal von Kaiser Ludwig dem Bayern.

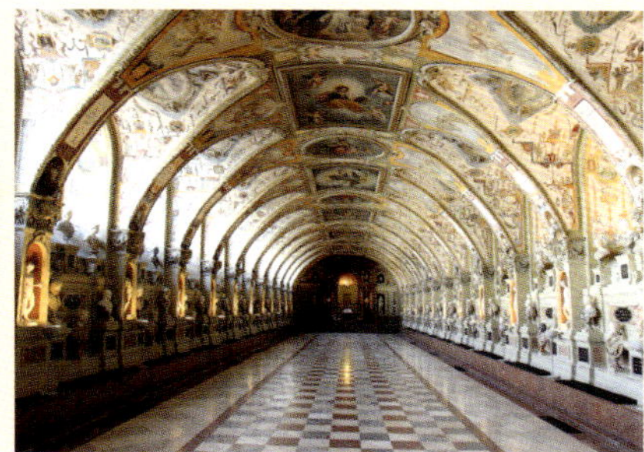

Antiquarium in der Residenz

i ***Tourist-Info,*** Marienplatz 2, Tel. (089) 233 965 00, www.muenchen.de

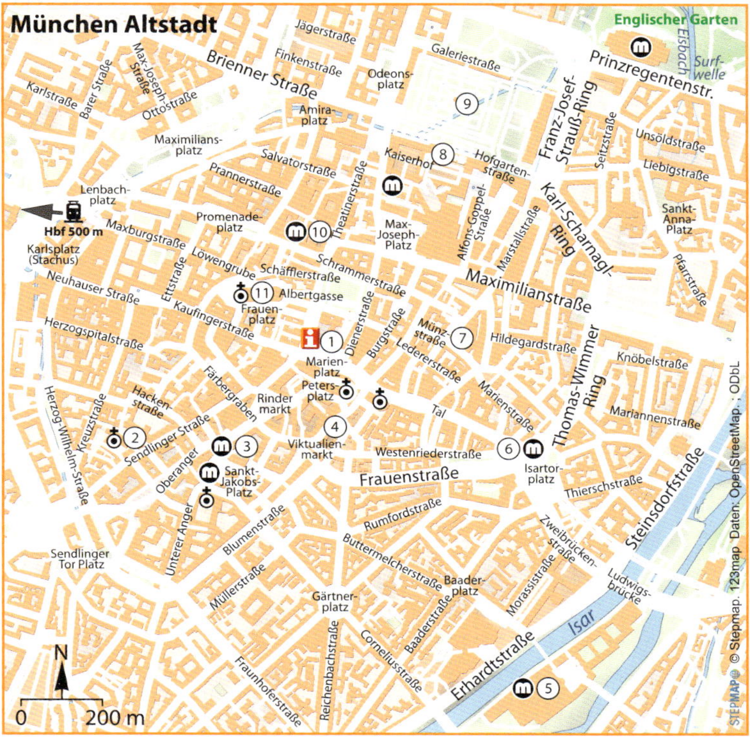

München Altstadt

Infos zur Loisach von Garmisch bis Wolfratshausen

Charakter der Tour

Aktivitäten	Natur	Kultur	Baden	Hindernisse
	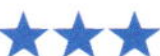			★★★

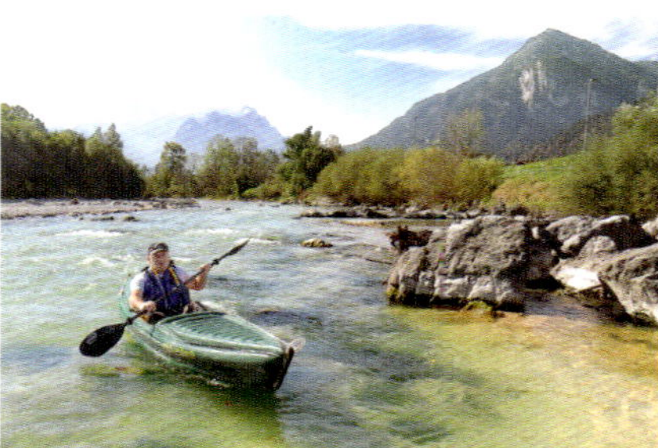

Loisach bei Farchant

Die Loisach ist im Sommer ein Gebirgsfluss mit mäßiger Strömung, bei Schneeschmelze im Frühjahr ist mit stärkerer Strömung und kalter Wassertemperatur zu rechnen.

Doch auch in langen Trockenzeiten reicht die Wasserführung auf der gesamten Strecke für eine problemlose Fahrt aus. Nur im Umfeld einzelner Wehre kommt es bei Niedrigwasser kurzfristig zu Grundberührungen. Einige Wehre und Sohlrampen behindern die Fahrt, alle Gefahrenstellen sind aber gut beschildert.

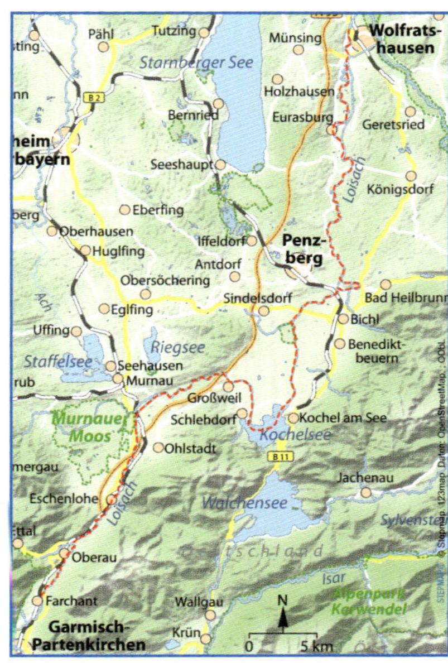

Die Sohlrampe bei Kleinweil wurde durch ein modernes Schachtkraftwerk ersetzt, das umtragen werden muss. Einige Sohlrampen wie z. B. vor der Lainbachmündung bei Benediktbeuern sollten unbedingt umtragen werden, ebenso die Sohlrampen nach Schönmühl. Hier droht Gefahr durch Rücksog und scharfkantige Steine mit entsprechender Verletzungsgefahr.

Ansonsten ist die Loisach ein problemlos zu befahrender WW-Wanderfluss der selbst von einheimischen Paddlern zu Unrecht vernachlässigt wird.

Sehenswürdigkeiten *(in der Reihenfolge des Tourenverlaufs)*

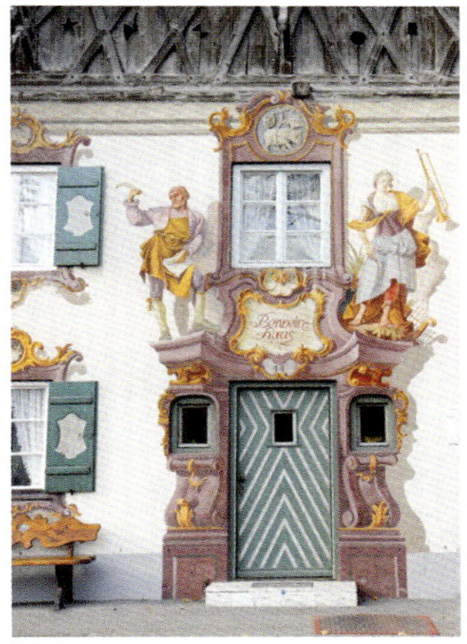

Lüftlmalerei in Partenkirchen

Garmisch-Partenkirchen: s. Seite 66.

Farchant: Idyllische *Bauernhäuser* mit blumengeschmückten Balkonen im Umfeld der *Dorfkirche, Naturdenkmal „Schanzanlage"* nördlich des Ortes.

Oberau: *Flößerfresko* am Gebäude der alten Schule, *Krippenmuseum.*

Eschenlohe: Neue *Loisachbrücke* ohne Mittelpfeiler, 2006 nach verheerendem Hochwasser von 2005 erbaut, *Pfarrkirche St.Clemens* mit *Nepomuk-Statue* und *Deckenbild von Jakob Zeiller.*

Ohlstadt: *Kaulbach-Villa* (Heimatmuseum des Malers Friedrich August von Kaulbach), *Pumuckl-Museum* in der 900 Jahre alten *Bartlmä-Mühle.*

Murnau: siehe Seite 74.

Großweil/Schlehdorf: *Freilichtmuseum Glentleiten (siehe auch Seite 79)* auf 25 Hektar Fläche 750 Meter hoch über dem Loisachtal mit Kalkofen, Wetzsteinmacherei, Backhaus und zahlreichen historischen Gebäuden.

Kochel: *Industriedenkmal Walchenseekraftwerk, Franz Marc Museum, Denkmal Schmied von Kochel, barocke Pfarrkirche St. Michael.*

Benediktbeuern: *Kloster* (Gründung 725) mit Führungen (Kreuzgang, Barocksaal, Basilika), *Fraunhofer Glashütte* (Museum), *Vogelstation*. Seite 84.

Beuerberg: *Kloster* mit *Pfarrkirche St-Peter und Paul.*

Eurasburg: *Schloss Eurasburg* (heute Wohnungen).

Wolfratshausen: *Historische Altstadt, Heimatmuseum* am Untermarkt mit Präsentation der Flößerei und ihrer wechselvollen Geschichte, *barocke Stadtpfarrkirche St. Andreas.*

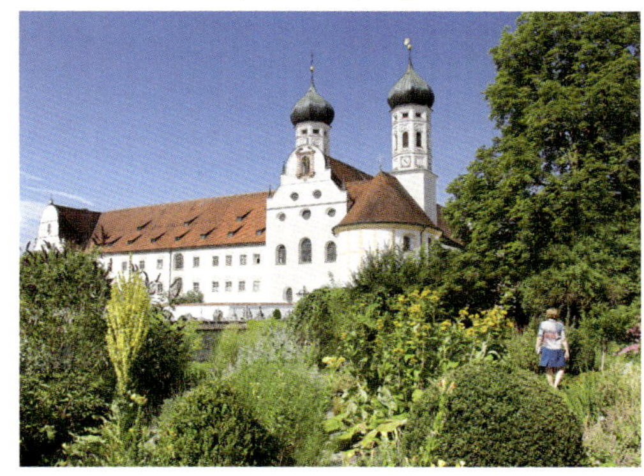

Kräuter-Führungen an jedem ersten Sonntag im Monat im Garten des Klosters Benediktbeuern

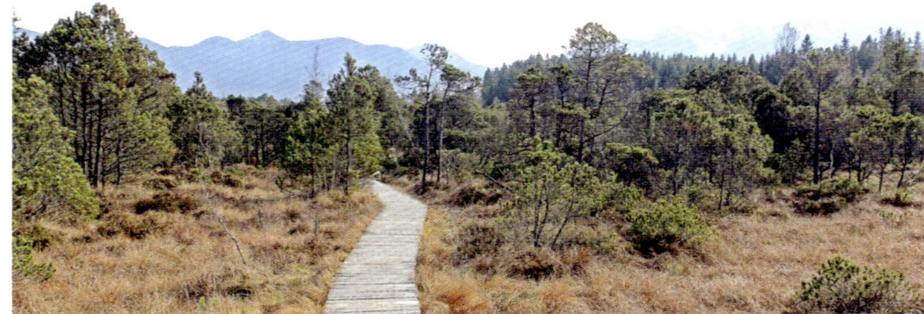

Wanderweg durch das Murnauer Moos

Sonstige Aktivitäten

Paddeln

Der Oberlauf der Loisach ist sportliches Wildwasser, dagegen sind Eibsee, Staffelsee, Riegsee und Walchensee reizvolle Seenziele im nahen Umfeld für Genußpaddler (siehe KANU KOMPASS „Nördliche Alpenseen").

Radfahren

Neben dem nicht einheitlich beschilderten ***Loisach-Radweg*** (meist werden nur die nächsten Orte genannt), bieten sich zahlreiche MTB-Touren an.

Mäßig schwierig ist die Runde von **Eschenlohe** über das ***Eschenlainetal*** zum ***Walchensee*** und über den ***Kesselberg*** hinunter nach **Kochel**. Zurück über **Ohlstadt** nach **Eschenlohe**.

Sehr beeindruckend ist auch eine 31 km lange Tour vom gleichen Ausgangspunkt rund um das ***Murnauer Moos.***

Wandern

Anspruchsvolle Gipfelziele in **Garmisch-Partenkirchen**, im ***Wettersteingebirge*** wie ***Alp- und Zugspitze*** bieten eine großartige Gipfelschau in alpinen Felsmassiven.

Kurzweilig ist eine Wanderung von **Farchant** zu den ***Kuhflucht-Wasserfällen*** und ein toller Aussichtsberg ist der ***Heimgarten*** (1.791m), erreichbar von **Ohlstadt** (oder mit Seilbahn vom ***Herzogstand*** am ***Walchensee***).

Einfache Rundwanderungen führen von **Murnau** aus durchs ***Murnauer Moos*** oder bei **Benediktbeuern** durch das ***Loisach-Kochelsee-Moor.***

Tolle Natur bekommt man auf einer kurzen Wanderung von **Eschenlohe** durch das ***Pfrühlmoos*** und zu den ***„Sieben Quellen"*** geboten.

Literatur-Tipps

Rad- und Wanderführer ***„Entlang der Loisach". Von Biberwier bis Wolfratshausen – Ausflüge auf den Spuren der Flößer,*** Gabriele Rüth, Allitera Verlag.

Tölzer Land an Isar und Loisach – Wander- und Freizeitführer mit Wanderkarten 1:40.000, Mairdumont.

Outdoor Regional „Tölzer Land", 27 Wanderungen, Conrad Stein Verlag.

„LIEBLINGSPLÄTZE in & um Garmisch-Partenkirchen", „LIEBLINGSPLÄTZE Tölzer Land - Tegernsee - Schliersee", beide GMEINER-Verlag.

„Frauenmahd" (Garmisch-Krimi), *Marc Ritter,* Piper Taschenbuch.

Etappenvorschläge

1. Tag: Farchant – Eschenlohe, 9,8 km.

2. Tag: Eschenlohe – Schlehdorf (Kochelsee) (Campingplätze), 20,9 km (weitere 2 km bis zum Loisach-Ausfluss).

3. Tag: Kochel Parkplatz i. d. Triministr. – Brücke bei Nantesbuch, 21,8 km.

4. Tag: Brücke bei Nantesbuch – Wolfratshausen (Wegbrücke an der Loisachhalle), 21,4 km.

Kanuvermieter *(Adressen in alphabetischer Ortsreihenfolge Seite 100)*

Die meisten Vermieter bringen ihre Boote zu den Einsetzstellen und holen die Boote an der Aussetzstelle wieder ab. Man bekommt fast ausschließlich Schlauchboote.

Mögliche Einsetzstellen: Garmisch-Partenkirchen, Farchant, Oberau, Eschenlohe, Murnau-Achrain.

Anreise mit Bus & Bahn: Der Ausgangspunkt **Farchant** liegt an der Bahnlinie München – Garmisch-Partenkirchen.

Anreise mit dem Auto: Auf der Autobahn A 95 nach **Farchant**. Parken können Sie direkt am Parkplatz in der Loisachstr. beim Einstieg.

Einsetzstelle: In **Farchant** unterhalb der Brücke nach Mühldörfl. Direkt daneben Parkplatz in der Loisachstr. , der Bahnhof ist nur wenige Schritte entfernt). *Navi: Loisachstraße / Ecke Mühldörflstraße.*

Aussetzstelle: In **Wolfratshausen** am Sebastiani-Steg. Treppe zum Parkplatz an der Loisachhalle. Bahnhof der S-Bahn in ca. 500 Meter Entfernung. *Navi: Sebastiani-Steg 1.*

Zurück zum PKW: Von **Wolfratshausen** nach **München Hbf**. mit der S 7. Von dort nach **Farchant** per Bahn Richtung Innsbruck Hbf. (Gesamtzeit ca. 2,5 Std.).

Länge der Tour: 78 km. Etwa 4 Tage, je nach Streckeneinteilung und Zeitbedarf für Wanderungen oder Besichtigungen eventuell länger.

Umtragestellen: Je nach Wasserstand und Können sind **7-8 Umtragungen** zu bewältigen. Ein **Bootswagen** ist dringend anzuraten.

Blick auf Garmisch

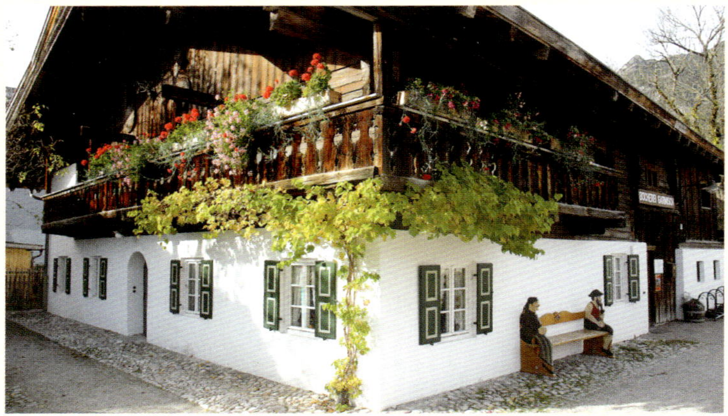

Garmisch und Partenkirchen, ursprünglich zwei getrennte Orte, wurden 802 erstmals erwähnt. Seit dem Jahre 1935 ist die Marktgemeinde Garmisch-Partenkirchen vereint und heute eine Stadt mit 26.000 Einwohnern.

Die Olympischen Spiele 1936 brachten dem Ort internationalen Ruf als Deutschlands Wintersportregion Nr. 1. Die Stadt ist Luftkurort sowie Bergsport- und Skimetropole. Einige der erfolgreichsten deutschen Skifahrer wie Felix Neureuther und Maria Höfl-Riesch wurden hier geboren, der Komponist Richard Strauss schuf hier große Werke und war lange Zeit Bürger der Stadt.

Der Ort im Schatten der Zugspitze, dem höchsten Berg Deutschlands, lockt zu einem Spaziergang durch malerische Straßen (wie der Garmischer Sonnenstraße oder der Partenkirchner Ludwigstraße oder in den Michael-Ende-Kurpark). Besonders augenfällig sind die Sportanlagen, z.B. das Eisstadion von 1936 oder das neu erbaute Skistadion am Eckbauern, in dem alljährlich das berühmte Neujahrsspringen der Vierschanzentournee ausgetragen wird.

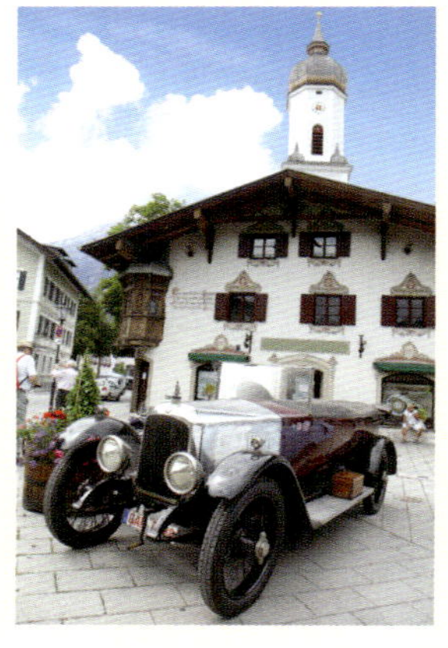

Sehenswert sind das Werdenfels Museum in Partenkirchen und die Kirche St.Martin mit Rokokostuck von Joseph Schmuzer (Fresken von Matthäus Günther). Etwas abseits, am Westhang des Wank, präsentiert sich noch ein erlesenes Spätbarockwerk, die Wallfahrtskirche St. Anton mit einem spektakulären Antonius-Fresko aus dem 18. Jahrhundert.

Neben dem Besuch des Zugspitzgipfels lohnen auch Wanderungen durch die wilde Partnachklamm zum Gipfel des Eckbauern, ein Besuch von Schloss Elmau oder zum Jagdschloss Schachen mit Alpengarten von Märchenkönig Ludwig II. sowie eine Wanderung oder Paddeltour auf dem Eibsee am Fuß der Zugspitze.

① ***Werdenfels Museum.*** Auf 900 qm Ausstellfläche findet man hier Kunst und Brauchtum aus 1.000 Jahren Alpenland. *Di-So 10-17, Eintritt Erw. 2,50 €,* www.museum-werdenfels.de

② ***Richard-Strauss-Institut.*** Präsentiert Werkstatt und Wohnräume des berühmten Komponisten. *Mo-Fr 10-16, Eintritt Erw. 3,50 €,* www.richard-strauss-institut.de

③ ***Alte Pfarrkirche St. Martin*** (1730-34) am Marienplatz im Zentrum von Garmisch. Barockbau mit Stuck von Joseph Schmuzer, Decken- & Chorkuppelfresken von Matthäus Günther. Sehenswert die Rokokokanzel von Franz Hosp.

④ ***Häuserfassaden in der Sonnenstraße*** im Ortskern mit blumengeschmückten Holzbalkonen und Bergblick.

⑤ ***Museum Aschenbrenner.*** Puppen- & Porzellanmuseum, Krippenausstellung, *Di-So 11-17, Eintritt Erw. 3,50 €,* www.museum-aschenbrenner.de

⑥ ***Michael-Ende-Kurpark.*** 35.000 Quadratmeter großer Park mit alten Bäumen, Blumenrabatten und Seerosenteich, im Sommer Live-Konzerte.

⑦ ***Olympia-Skistadion am Eckbauern.*** Austragungsort des Neujahrsspringens. Führungen zur großen Olympiaschanze, *Mi 18, Sa 15, Erw. 10,- €.*

Tourist-Info, Richard-Strauss-Platz 2, Tel. (08821) 180 700, www.gapa.de

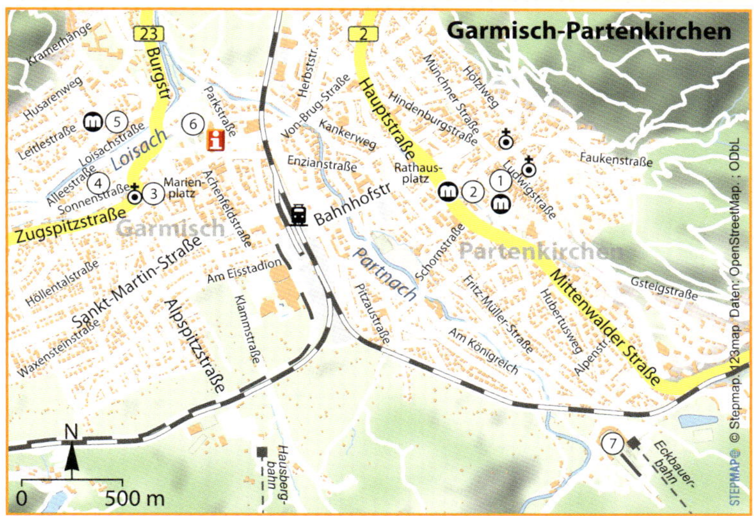

Loisach von Farchant bis Wolfratshausen

km 80,7

Unterhalb der Straßenbrücke zwischen **Farchant** und **Mühldörfl** beginnt unsere Fahrt. Die *Einsetzstelle* befindet sich wenige Meter hinter dem Parkplatz in der Loisachstraße. Wer sich vor der Kanutour noch stärken möchte, tut dies am besten im *Gasthof „Alter Wirt"* – leckere bayerische Küche in gemütlichen Stuben oder unter Kastanien im Biergarten.

Hotel-Gasthof „Alter Wirt"
(08821) 967 00 70

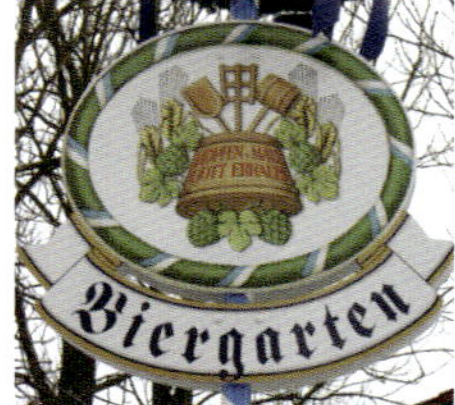

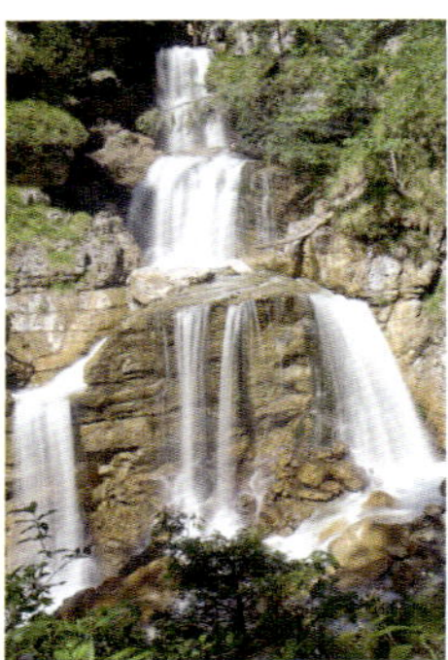

Vorab sehr empfehlenswert ist eine insgesamt drei Kilometer lange *Wanderung zu den Kuhflucht-Wasserfällen* am Westhang des Hohen Fricken. In drei Fallstufen überwindet das Wasser einen Höhenunterschied von 270 Meter.

Bei gutem Wasserstand nimmt uns die Loisach mit kräftiger Strömung in Richtung Norden mit.

Rechts passieren wir die Berge des rund 2.000 Meter hohen ***Estergebirges***, linker Hand erkennen wir einige Gipfel der ***Ammergauer Berge***, unter anderem das markante ***Ettaler Mandl***.

km 80

Wir queren die Straßenbrücke der B 2 in Höhe einer Tunneleinfahrt.

Flott geht es über eine leicht verblockte Flussstrecke mit zahlreichen *Kehrwassern* und *Schwallstrecken*. Es lohnt öfter mal den Blick nach hinten zu richten – die Felskulisse des ***Wettersteinmassivs*** mit ***Alp- und Zugspitze*** ist wahrlich imposant. Aber auch die Flussaue mit Kiesbänken, einzelne Felsen sowie eine üppige Ufervegetation weiß zu begeistern.

km 77,1

(450m) 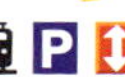

Rechts vor der Brücke am Ortsanfang von **Oberau** befindet sich ein *Zustieg* für Kanuten die erst hier die Fahrt in unmittelbarer Nähe des Bahnhofs Oberau beginnen.

Bis Mitte des 19. Jahrhunderts wurden einige Gipsmühlen betrieben. Der Gips wurde in Holzfässer verpackt und mit Flößen nach München verschifft. Das war damals ein lukratives Geschäft.

Unmittelbar hinter der Brücke bietet das *Ferienhaus Hofer* schöne Ferienwohnungen (Hauptsaison nur wochenweise) und Unterstellmöglichkeiten fürs Kanu.

Ferienhaus Hofer
(08824) 88 56

Am Ortsende von **Oberau** passiert man eine harmlose *Schwallstrecke*. Im weiteren Verlauf strömt die Loisach nahe entlang der viel befahrenen Bundesstraße. *1936 baute man sie im Zuge der Olympischen Spiele zur „Olympiastraße" aus. Kurz vor Eschenlohe wurden gegen Ende des 2. Weltkriegs ihre beiden Tunnel bombensicher vermauert, um darin von KZ-Häftlingen des Konzentrationslagers Dachau Flugzeugteile der Firma Messerschmitt herzustellen.*

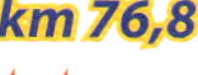

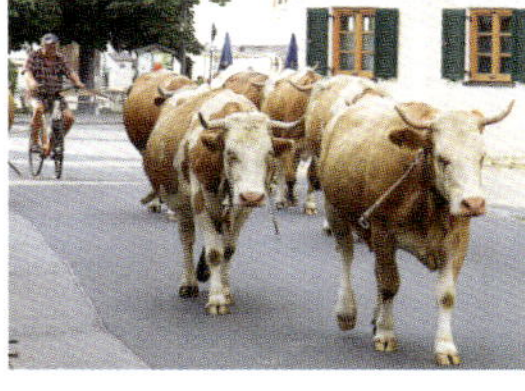

„Hoam geht's"

Direkt an der Straßenbrücke in **Eschenlohe** liegt links der auch bei Bikern und Bergwanderern sehr beliebte *Gasthof „Zur Brücke"* mit eigener Metzgerei. Hier und im wenige Meter daneben liegenden *Gästehaus Wörle* kann man übernachten.

km 70,9

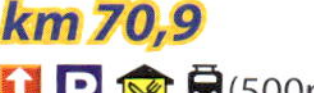

Gasthof & Metzgerei Zur Brücke
(08824) 210
Di Ruhetag

Gästehaus Wörle
(08824) 608

Wegen steiler Uferbefestigungen, die nach dem Pfingsthochwasser im Jahre 1999 gebaut wurden, ist das Aussetzen im Ort etwas ungünstig. Etwa 100 Meter vor der Brücke besteht auf der rechten Seite eine gute Anlandemöglichkeit an der Einmündung des Mühlbachs.

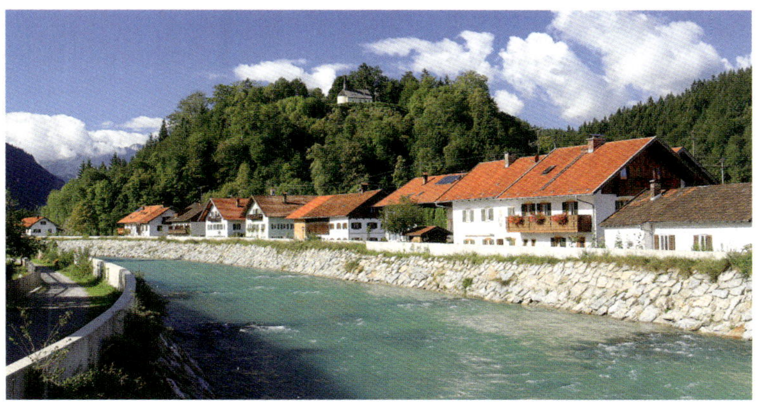

Hochwasserschutzdämme im Ortsgebiet von Eschenlohe

*Ein beeindruckendes Deckengemälde über dem Hochaltar der spätbarocken **St. Clemens Kirche** (1764-1782) im Ortszentrum von Eschenlohe von Jakob Zeiller zeigt Papst Clemens, der auf der Halbinsel Krim zu Steinbrucharbeiten verurteilt, den Himmel um Wasser anfleht.*

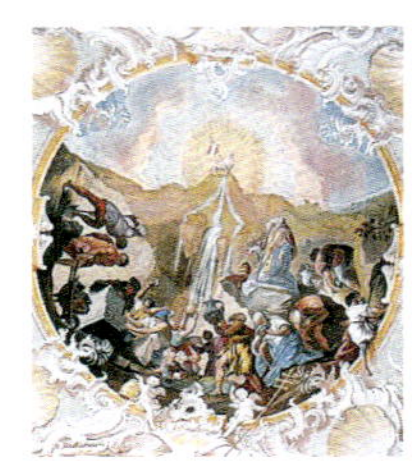

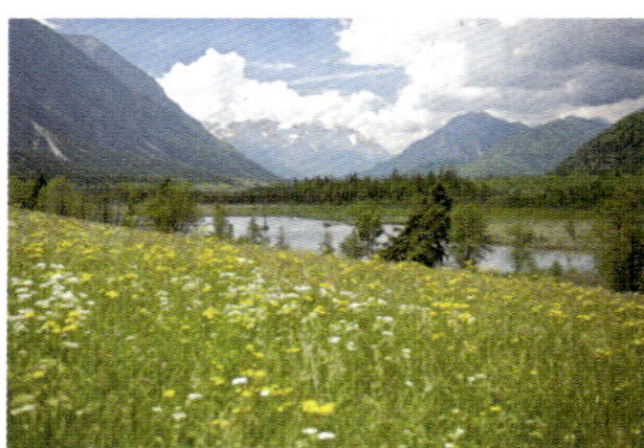

Sieben-Quellen-Wanderung

An der Brücke beginnt außerdem ein reizvoller ***Spaziergang*** durch das ***NSG Pfrühlmoos und zu den „Sieben Quellen"***, Karst-Quellteiche in toller Natur und spektakulärer Blick auf die schroffen Gipfel des Wettersteingebirges *(siehe Foto links).*

Die ***Eschenlaine***, die etwa 250 Meter hinter der Brücke in die Loisach mündet, ist ein besonders für Canyonisten interessanter Wildbach, der einige sehenswerte Klammen durchbricht. Ein beliebter MTB-Radweg führt entlang des Gewässers über einen Sattel hinüber zum Walchensee.

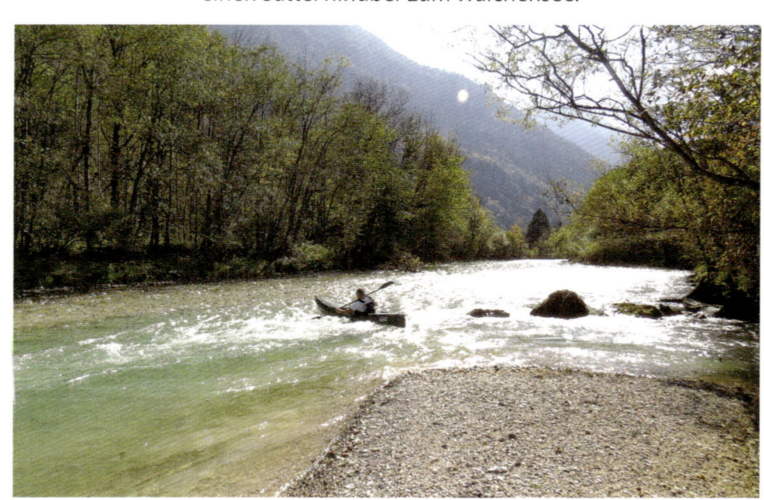

Loisachfahrt bei Oberau im Spätsommer

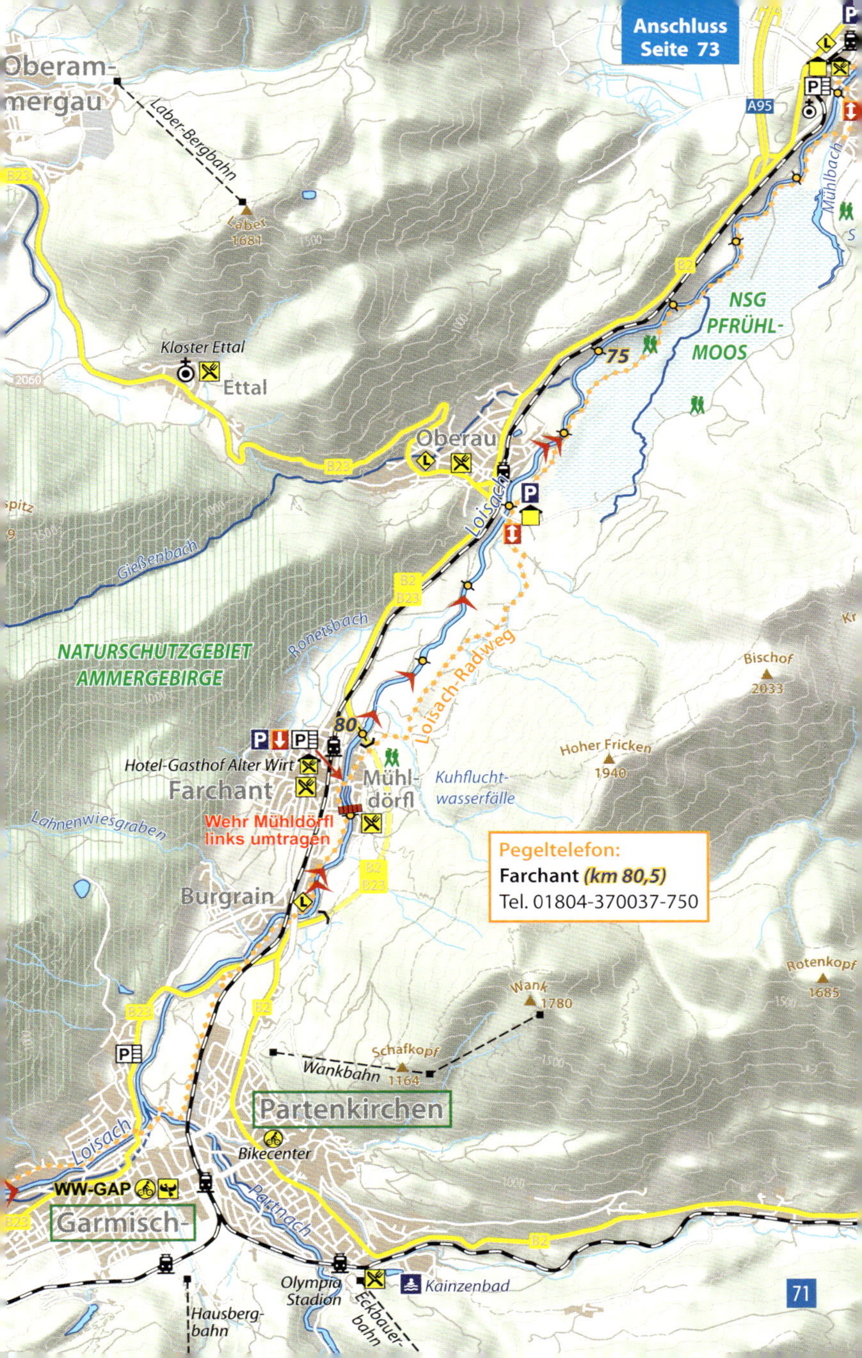

Anschluss Seite 73
Oberammergau
Laber-Bergbahn
Laber 1681
Kloster Ettal
Ettal
Oberau
Loisach
NSG PFRÜHL-MOOS
Mühlbach
75
Gießenbach
Ronetsbach
NATURSCHUTZGEBIET AMMERGEBIRGE
Loisach-Radweg
Bischof 2033
80
Hohe Fricken 1940
Hotel-Gasthof Alter Wirt
Farchant
Mühldörfl
Kuhfluchtwasserfälle
Lahnenwiesgraben
Wehr Mühldörfl links umtragen
Pegeltelefon:
Farchant (km 80,5)
Tel. 01804-370037-750
Burgrain
Rotenkopf 1685
Wank 1780
Schafkopf 1164
Wankbahn
Partenkirchen
Bikecenter
Loisach
WW-GAP
Garmisch-
Partnach
Olympia Stadion
Kainzenbad
Hausbergbahn
Eckbauerbahn

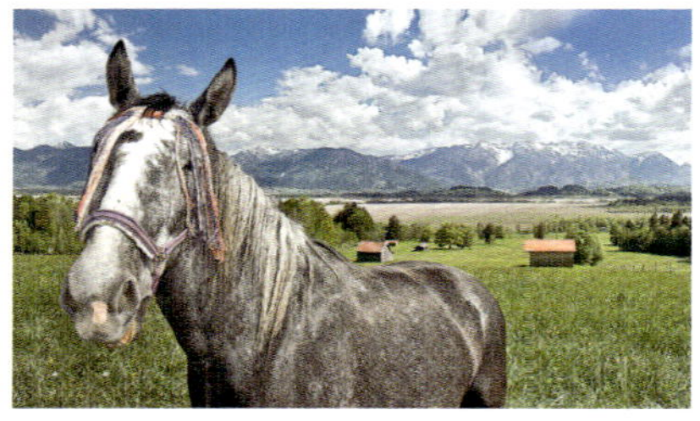

Das Murnauer Moos ist mit 32 km² das größte zusammenhängende naturnah erhaltene Moorgebiet Mitteleuropas

Der Fluss trägt uns nun zunächst weiter von den Bergen weg und berührt auf der linken Seite das Eschenloher Moos, bzw. das Murnauer Moos. *Diese bezaubernde Region um Murnau hat sich den Stempel „Blaues Land" gegeben, in Anlehnung an die berühmten Maler der Künstlergruppe „Der Blaue Reiter". Die Werke von Kandinsky, Münter etc. sind Meisterwerke der Landschaftsmalerei.*

Kein Wunder, ist diese Natur doch zu allen Jahreszeiten reizvoll und im Rahmen einer Flussfahrt wechseln die Landschaftsbilder ständig.

km 66,6

P ↕

Auf Höhe der Autobahnbrücke liegt rechts das Pumuckl-Museum und, etwa 2 km vom Fluss entfernt, der Ort **Ohlstadt**. Ausstieg und Parkplatz rechts nach der Brücke.

km 64,5

P ↕

Auch an der nächsten Brücke bei **Weichs** besteht die Möglichkeit eine Etappe zu beginnen oder zu beenden.

Bald quert eine Eisenbahnbrücke der Bahnlinie München – Garmisch-Partenkirchen den Fluss. Links befindet sich der Ort **Hechendorf**, ein Vorort von Murnau. Auch hier haben wir keine gute Anlandemöglichkeit gefunden, um nach Murnau zu laufen. Die Loisach knickt nach Nordosten ab und fließt in einiger Entfernung an Murnau vorbei.

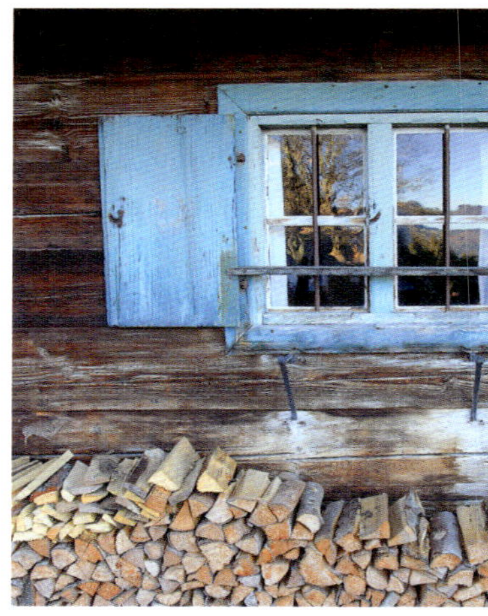

km 61,7

P ↓

Bavariaraft by Montevia
(08042) 97 24 00
Einsetz- & Bootausgabestelle

Kurz vor der Straßenbrücke (**Murnau – Achrain**) setzt rechts der *Kanuvermieter „Bavariaraft"* seine Boote ins Wasser (Hinweisschild), dahinter befindet sich ein kleiner *Parkplatz* für Tagesfahrer.

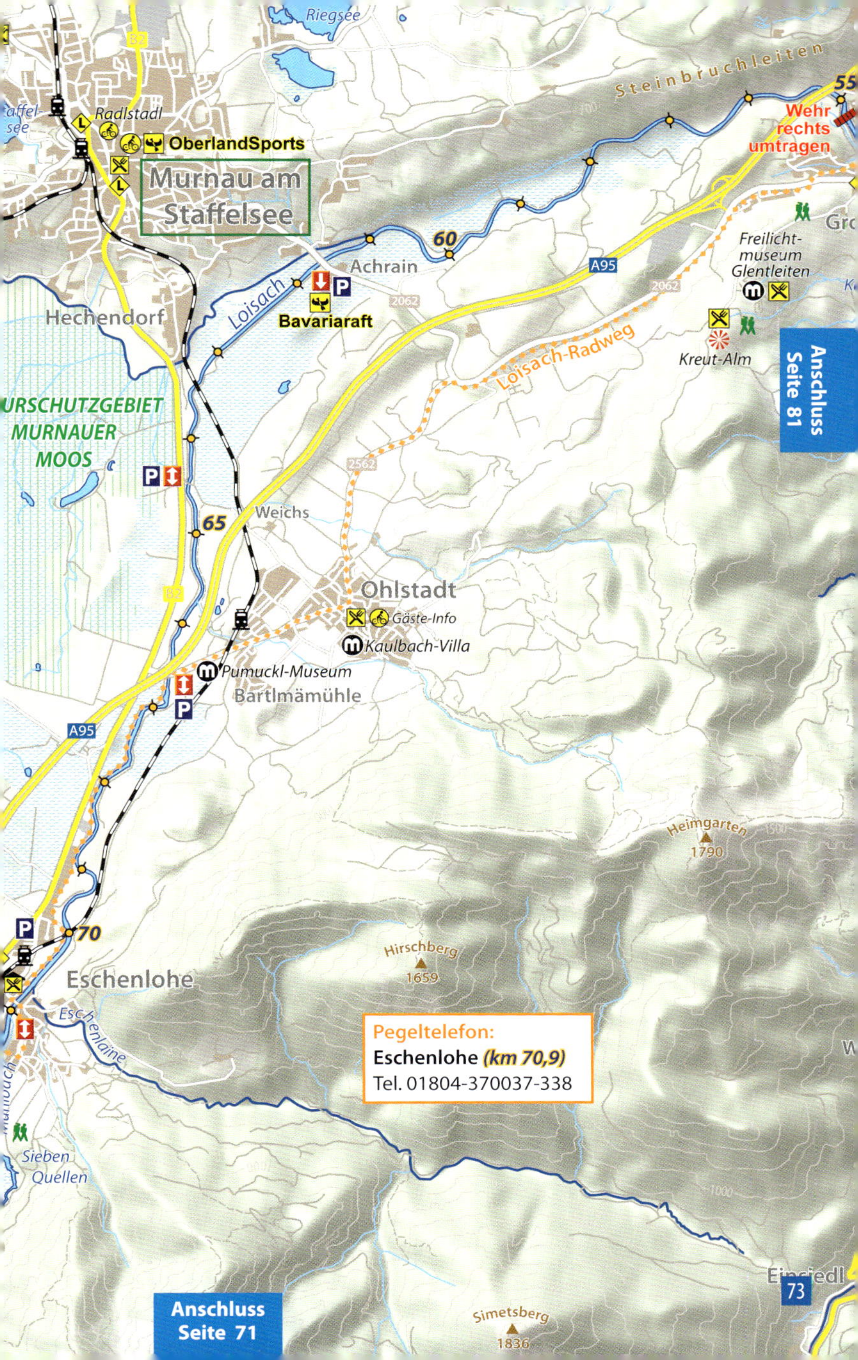
Riegsee
Steinbruchleiten
55
Wehr rechts umtragen
Radlstadl
OberlandSports
Murnau am Staffelsee
60
Achrain
Loisach
Bavariaraft
2062
A95
Freilicht-museum Glentleiten
Kreut-Alm
Loisach-Radweg
Anschluss Seite 81
Hechendorf
URSCHUTZGEBIET MURNAUER MOOS
2562
Weichs
65
B2
Ohlstadt
Gäste-Info
Kaulbach-Villa
Pumuckl-Museum
Bartlmämühle
Heimgarten 1790
70
Eschenlohe
Hirschberg 1659
Eschenlaine
Pegeltelefon:
Eschenlohe (km 70,9)
Tel. 01804-370037-338
Sieben Quellen
Anschluss Seite 71
Simetsberg 1836
73

Blick auf Murnau

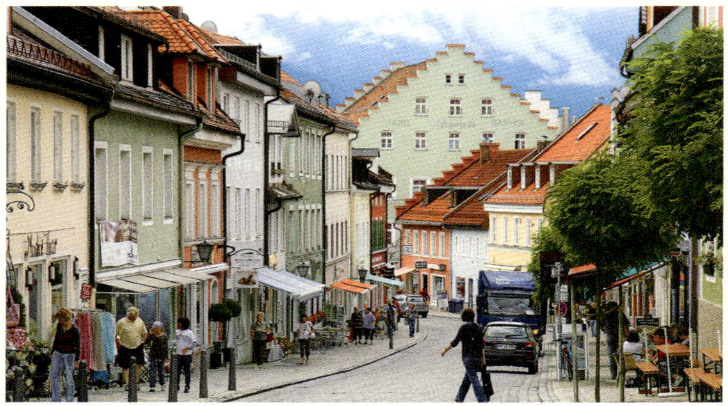

Marktgasse im Malerort Murnau

Der liebenswürdige Marktflecken Murnau ist das Zentrum im Blauen Land. Ein Künstlerort, der vor allem die berühmten Expressionisten der Malergruppe „Blauer Reiter" inspiriert hat. Murnau hat rund 12.000 Einwohner und besticht durch seine herrliche Lage vor den Bergen des Estergebirges, der Ammergauer Alpen und dem Wetterstein. Murnauer Moos, Staffelsee und Riegsee sorgen für ein naturnahes Umfeld.

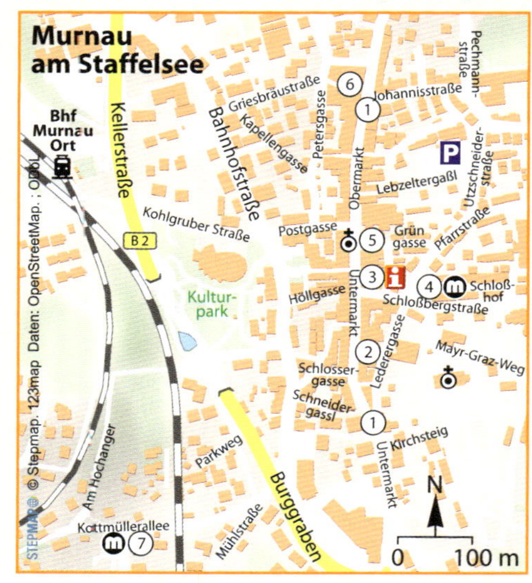

Dem denkmalgeschützten Altstadtensemble mit den pastellfarbigen Häusern sieht man nicht an, dass die Stadt in den letzten Jahrhunderten gleich mehrfach in Schutt und Asche versank. Heute ist der stille Ort eine stilvolle Sommerfrische an der Bahnlinie München – Garmisch-Partenkirchen.

Trotz seiner Schönheiten ist Murnau aus touristischer Sicht immer noch fast ein Geheimtipp. Große Hotels sucht man vergeblich.

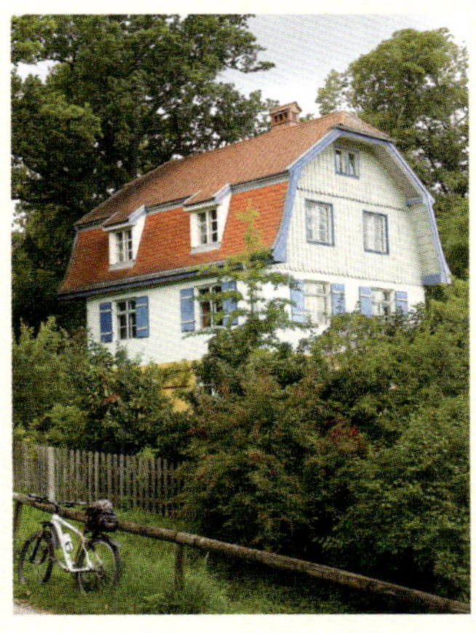
Das Münter-Haus

Alles hat Charme und Stil. Die meisten Tagesgäste kommen, um die beiden Museen Schlossmuseum und Münter-Haus zu besichtigen, in denen den Werken der Malergruppe um Gabriele Münter und Wassily Kandinsky sowie der Malergemeinschaft Blauer Reiter besondere Aufmerksamkeit gebührt.

Neben einem Besuch der Altststadt ist ein Spaziergang zu den Original-Malplätzen, aber auch eine ausgedehnte Wanderung durch das Murnauer Moos zu empfehlen.

① ***Obermarkt und Untermarkt.*** Lebendige Fußgängerzone (zum Teil autofrei) mit kleinen Geschäften und Kneipen vor herrlicher Bergkulisse.

② ***Kargs Bräustüberl*** am Untermarkt unweit des Rathauses. Bietet eine besonders urige Gaststube. Probieren Sie vor allem das schmackhafte Weißbier.

③ ***Rathaus.*** Der neugotische Bau (1842) diente früher als Warenlager. Fresken stellen die Muttergottes, Kaiser Ludwig den Bayern sowie einen Drachen dar.

④ ***Schlossmuseum*** **(13.Jh.).** Hochinteressantes Museum in dem die Entstehung Murnaus, aber auch die Malerei im Vordergrund steht.

⑤ ***Mariahilfkirche und Mariensäule.*** Die barocke Marienfigur stammt aus dem 17. Jh, die Kirche wurde nach einen Brand von Emanuel von Seidl in neobarockem Stil wiederaufgebaut.

⑥ ***Griesbräu zu Murnau.*** Traditionsreiches Wirtshaus am Obermarkt mit eigener Brauerei in historischem Gewölbekeller mit stilvollen Zimmern, kleinem Biergarten und Kino, Brauereiführungen, Bierseminare, www.griesbraeu.de

⑦ ***Münter-Haus,*** aufgrund Kandinskys russischer Herkunft auch„Russenhaus" genannt. Hier wohnten Gabriele Münter und Wassily Kandinsky von 1909-1914. Heute ist es ein hübsches Museum mit einigen Werken beider Künstler, www.muenter-stiftung.de

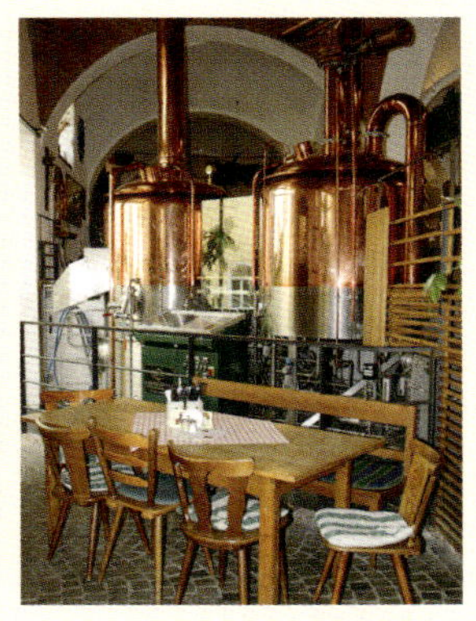
Historischer Gasthof Griesbräu

Tourist-Info, Untermarkt 13, Tel. (08841) 47 62 40, www.murnau.de

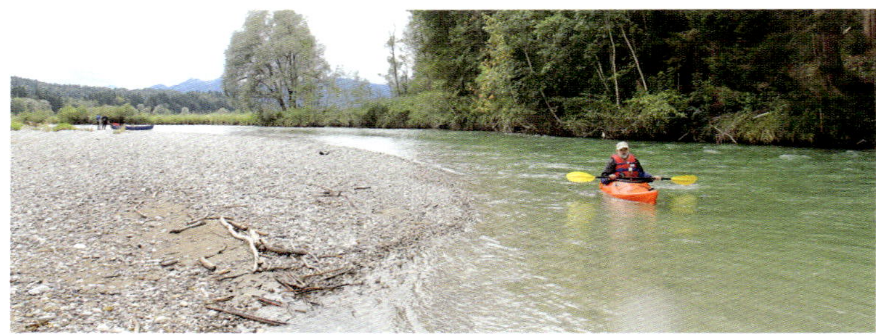

Die Loisach zwischen Murnau und Großweil

Nun beginnt eine sehr naturbelassene Flussstrecke. Die ***Loisach*** windet sich in flotter Strömung zwischen bewaldeten Moränenhügeln mit schönen Mischwäldern weiter in nordöstliche Richtung. Einige Kiesbänke locken zum Flusspicknick. Bissspuren verraten die Anwesenheit von Bibern und wenn man Glück hat, sind auch Eisvögel zu beobachten. Bis zur Autobahnbrücke der A 95 vor **Kleinweil** fließt die Loisach völlig abseits von Verkehrswegen.

km 55,2 Dann überspannt die hohe Brücke der Autobahn München – Garmisch-Partenkirchen den Fluss.

km 54,9

Wehr mit
Schachtkraftwerk
rechts umtragen

Kurz hinter der Autobahnbrücke stellt sich das neue ***Schachtkraftwerk*** in den Weg. ***Eine Befahrung ist nicht möglich***. Der Ausstieg am rechten Ufer ist beschildert. Das moderne Kraftwerk wurde zusammen mit der LM-Universität entwickelt und soll den Strombedarf von Großweil decken. Auch an eine Fischaufstiegshilfe wurde gedacht.

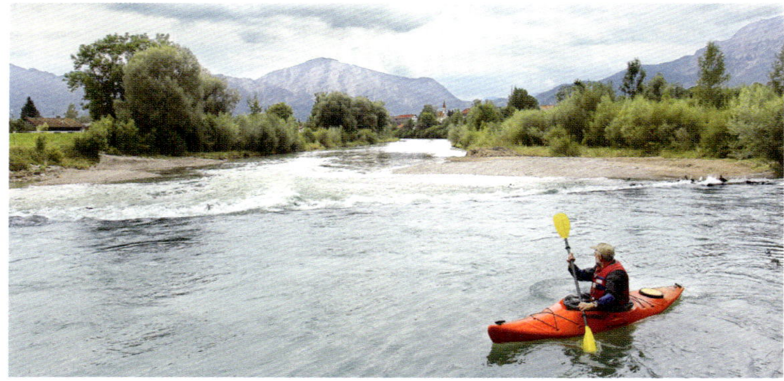

Sohlrampe bei Kleinweil früher. Befahrung der heutigen Wehranlage ist nicht möglich.

Wenige Meter links vor der Brücke in **Großweil** kann man gut aussteigen und die Boote zum gebührenfreien *Parkplatz* in der Sindelsdorfer Straße tragen *(hinter der Brücke links ist eine weitere Ausstiegsstelle).* Tagesfahrer beenden meist hier die Fahrt wegen der kanalisierten Reststrecke bis zum See und den nachfolgenden Sohlrampen. Wer länger bleiben will, kehrt im wenige Meter rechts oberhalb der Brücke gelegenen *Alpengasthof zur Loisach* ein.

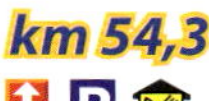

km 54,3

Alpengasthof zur Loisach
(08851) 924 00

Freilichtmuseum Glentleiten
(08851) 18 50
19. Mär-11. Nov
Di-So 9-18
Jun-Sep auch Mo

Entlang der Kreutstraße könnte man zum zwei Kilometer entfernten *Freilichtmuseum Glentleiten* (s. Seite 79) und zur *Kreut-Alm* gelangen.

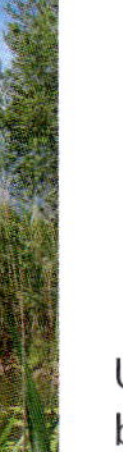

Eichsee im Loisach-Kochelsee-Moor

Von Großweil kann man eine schöne ***Wanderung ins Loisach-Kochelsee-Moor*** machen (ca. 5,5 km) – eine große Niedermoor-Landschaft. Oder nur 2,5 km bis zur **Badestelle Eichsee**.

km 54 - 53,5

!!!

2 Sohlrampen
WW II-III
links 800 m umtragen
nur von erfahrenen Wildwasserfahrern mit Helm befahrbar

Unterhalb von Großweil befinden sich drei Sohlrampen.

Wer ganz sicher gehen will, ***umträgt*** hier die ***ersten zwei Gefahrstellen*** zusammen ***linksufrig*** 800 m auf dem begleitenden Rad- und Fußweg (Bootswagen).

Achtung: Die ersten beiden Sohlrampen mit Hinweisschildern auf beiden Seiten: „Wehr unbefahrbar" sind nur nach Besichtigung von erfahrenen Kanuten mit Wildwassererfahrung und entsprechender Ausrüstung befahrbar. Es besteht Verletzungsgefahr durch scharfkantige Felsen und Rücksog bei höherem Wasserstand.

*An der zweiten Sohlrampe kann man von oben noch den ehemaligen **Triftkanal** (Flößerkanal) erkennen (heute teilweise zugeschüttet oder zugewachsen), der von hier aus direkt nach Benediktbeuern ostwärts verläuft und bei km 41,6 wieder in die Loisach mündet. Von 1715-1717 wurde er erbaut, um den Flößern den Umweg über den Kochelsee zu ersparen. Somit verkürzte sich die Floßfahrt um einen ganzen Tag. Die Devise „Zeit ist Geld" galt demnach auch schon in „der guten alten Zeit"!*

km 53 Die *3. Sohlschwelle* ist zugekiest und nur noch eine leicht verblockte *Schwallstrecke,* die *einfach* zu *befahren* ist. Die kurze Reststrecke bis zum ***Kochelsee*** ist begradigt. Der ***Loisach-Radweg*** verläuft links des Flusses.

km 52 Unter der Wegbrücke von **Unterau** hindurch fließt die Loisach inzwischen wieder südwärts auf die Berge zu. Man erkennt die Gipfel von ***Jochberg, Herzogstand*** und ***Heimgarten***.

km 50 Nach Unterfahren der Straßenbrücke in **Schlehdorf** ist schon der Mündungsbereich in den ***Kochelsee*** zu sehen. Die Mündung gleicht ein wenig einer Baustelle, da Kies mit Baggern entnommen wird, um den Kochelsee vor dem Geschiebe der Loisach zu schützen.

Gasthof & Hotel Klosterbräu
(08851) 286

Wer hier in **Schlehdorf** die Fahrt beenden oder übernachten will, wendet sich auf dem See gleich nach rechts. In einer Bucht des Kochelsees steigt man nahe eines *Parkplatzes* für Gäste des *Gasthofs & Hotels Klosterbräu* aus.

Ein *beschilderter Weg* führt vom Gasthof nordwärts Richtung *Karpfsee* und dann hinauf nach *Glentleiten* und zur *Kreut-Alm* *(gute Einkehrmöglichkeit, Tel. (08841) 58 22)* mit grandioser Aussicht auf den ***Kochelsee***, das ***Loisachtal*** und die umliegenden Berggipfel.

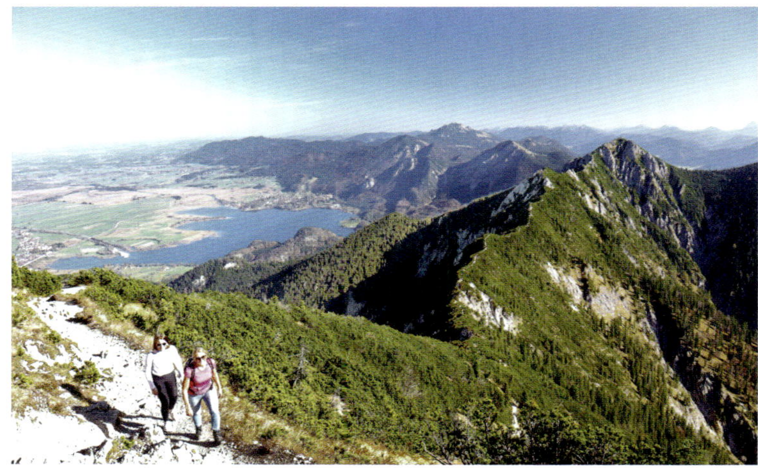

Vom Gipfelkamm des Heimgarten hat man einen spektakulären Blick auf den Kochelsee

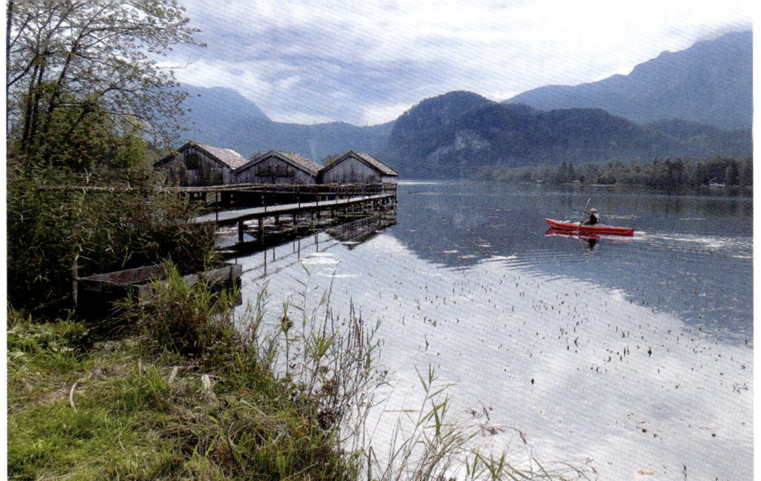

Bootshäuser in Schlehdorf am Kochelsee

Freilichtmuseum Glentleiten

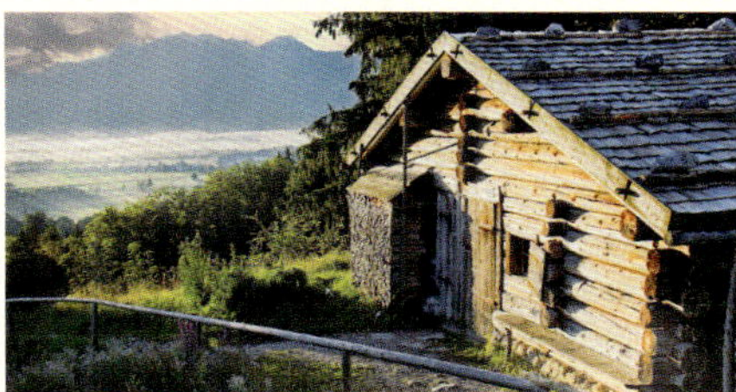

Über 60 original erhaltene Gebäude samt Einrichtung sind in diesem beliebten Freilichtmuseum zu entdecken.

Zudem gibt es Handwerksvorführungen (z. B. Brotbacken, Drechseln, Hinterglasmalerei, etc.) sowie wechselnde Sonderveranstaltungen und offene Werkstätten für Kinder, Kräuterseminare und vieles mehr.

Besonders Kindern wird hier viel Kurzweil geboten, daher ist das Museum bei Familien sehr beliebt. Im neuen Eingangsgebäude befinden sich u.a. Museumsgaststätte mit Schaubrauerei und der Museumsladen.

Leckere regionale Spezialitäten bekommt man auch im „Kramerladen Glentleiten" oder auf der „Kreut-Alm" 200 Meter oberhalb des Freilichtmuseums.

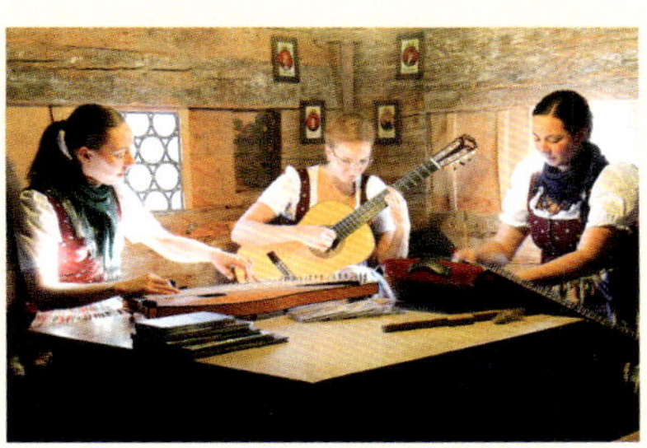

Infos: Tel. (08851) 18 50, *Eintritt Erw. 7,- €, Fam. 14,- €, geöffnet von Josefi bis Martini (19. Mär-11. Nov), Di-So 9-18, Jun-Sep auch Mo, www.glentleiten.de*

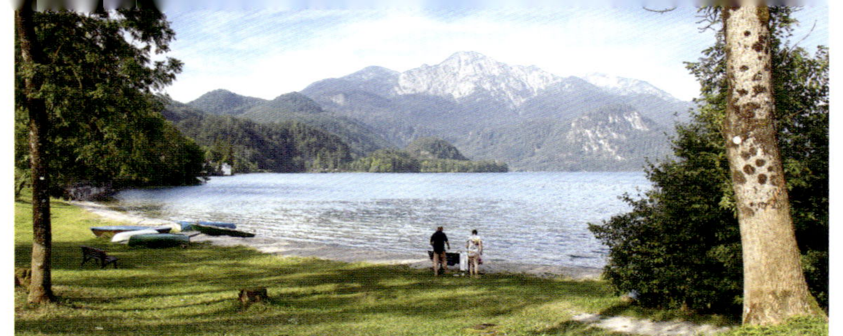

Badestelle beim Franz Marc Museum

Kanuten, die an einem der Campingplätze am südöstlichen Ufer des ***Kochelsees*** nächtigen wollen, paddeln (in Ufernähe) quer über den See knapp drei Kilometer Richtung Südosten. *Dabei hat man die Berggipfel und die dicken Rohre des 1918-1924 von Oskar von Miller erbauten Walchenseekraftwerks vor Augen. Das aktive Speicherkraftwerk ist seit 1983 Industriedenkmal.*

Camp. Kesselberg
(08851) 464

Camping Renken
(08851) 61 55 05

Die beiden *Campingplätze „Kesselberg“* und *„Renken“* liegen etwas östlich des ***Walchenseekraftwerks*** und dem Weiler **Altjoch**. Der erste Platz, „Kesselberg“, begeistert durch seine ruhige Lage, den netten *Badestrand* und ein *„Stüberl“* mit gutbürgerlich-bayerischer Küche.

Walchensee-kraftwerk
(08851) 772 25
Mai-Okt tgl. 9-17
sonst tgl. 10-16
Führ. Jun-Okt Di 16

Franz Marc Museum
(08851) 92 48 80
Di-So & Feiertage
Apr-Okt 10-18
Nov- Mär 10-17

Das Erlebniskraftwerk *Walchenseekraftwerk* ist von hier zu Fuß erreichbar und kann täglich besichtigt werden. Der Eintritt ist frei. Führungen nach Voranmeldung sind möglich. *Es ist eines der größten Wasserkraftwerke der Welt. Im modernen Infozentrum des Erlebnis-Kraftwerks erfährt man Wissenswertes zur Stromgewinnung.*

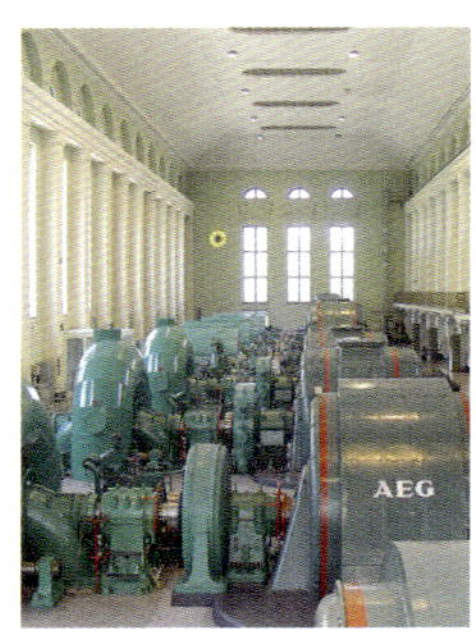

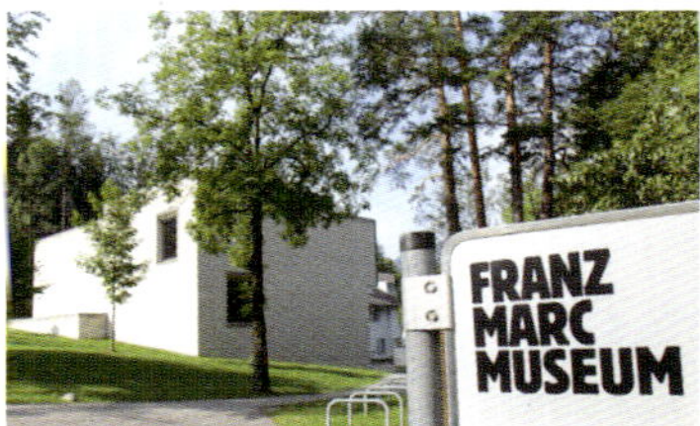

Auch das *Franz Marc Museum* in **Kochel am See** ist gut zu Fuß erreichbar. *Hier sind einige Werke Franz Marcs, des „Blauen Reiters“, aber auch expressionistische Bilder der Sammlung „Stiftung Etta und Otto Stangl“ zu sehen.*

Sehr nett bei hausgemachtem Kuchen sitzt man im angeschlossenen

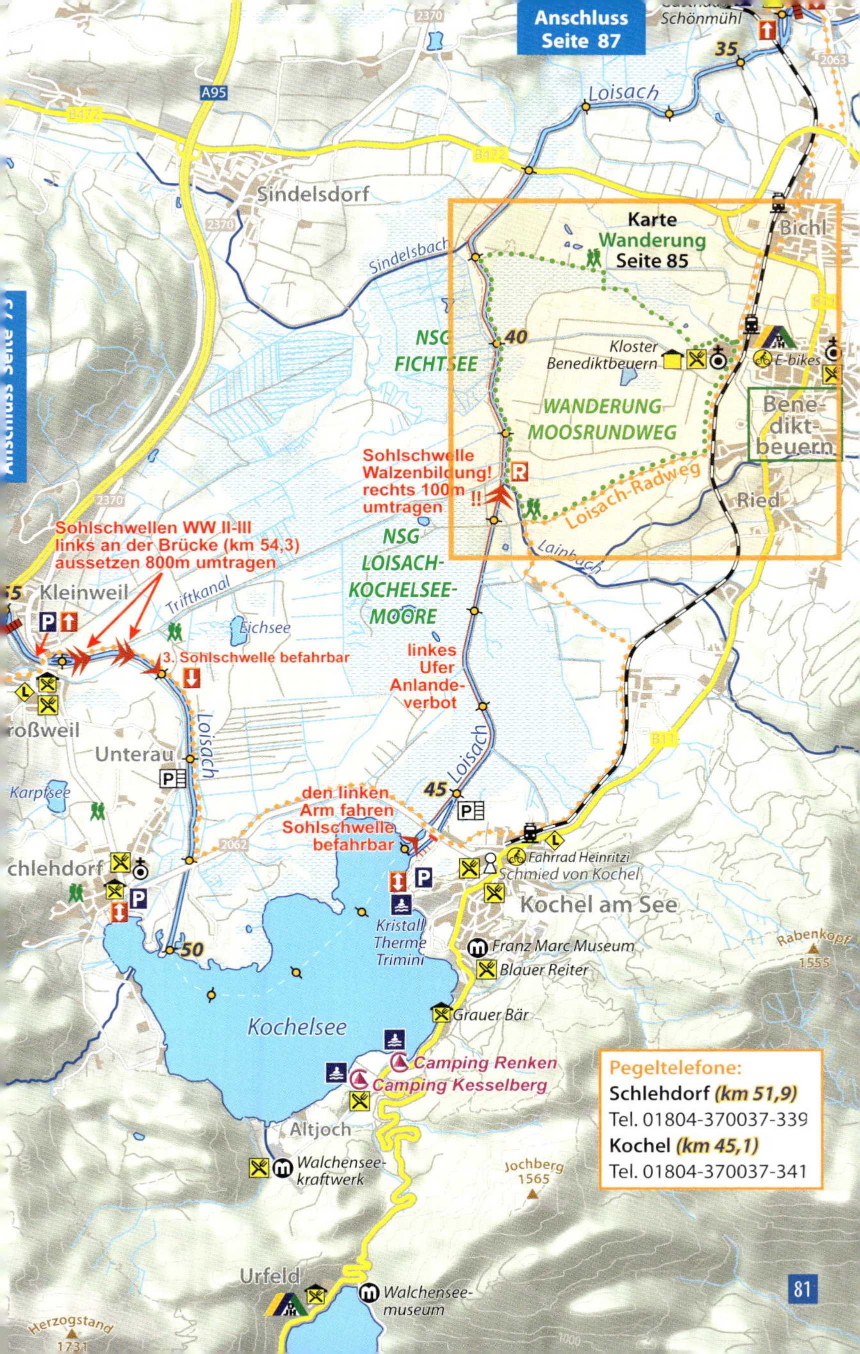

Pegeltelefone:
Schlehdorf ***(km 51,9)***
Tel. 01804-370037-339
Kochel ***(km 45,1)***
Tel. 01804-370037-341

Café Blauer Reiter
(08851) 92 92 860

Restaurant & Café „Blauer Reiter" auf der Seeterrasse hoch über dem Kochelsee mit Blick auf das Bergpanorama mit ***Herzogstand*** und ***Fahrenbergkopf***.

Seehotel Grauer Bär
(08851) 925 00

Direkt am Wasser und für Paddler mit wenig Zeitverlust erreichbar, ist das *Seehotel Grauer Bär.* Hier genießt man anspruchsvolle Küche und kann in einer großzügigen Wellnesslandschaft entspannen. Der große Panorama-Ruheraum fließt direkt mit der Liegewiese am See ineinander, so dass man sich nach dem Saunagang im See abkühlen kann. Für Gäste stehen kostenlos Fahrräder zur Verfügung.

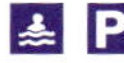 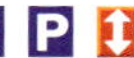

Freizeitbad Kristall Trimini
(08851) 53 00
Mai-Sep tgl. 9-21
sonst Di-So 10-21

Anderntags geht es nordwärts am östlichen Ufer weiter nach **Kochel am See**. Tagesfahrer, aber auch Besucher des Ortes, finden nach Passieren des *Freizeitbades „Trimini"* eine Möglichkeit zum *Aussetzen* (gebührenfreie *Parkplätze* in der Trimini-Straße). Der sich davor erstreckende und gut zugängliche *Strand* lockt Badegäste an.

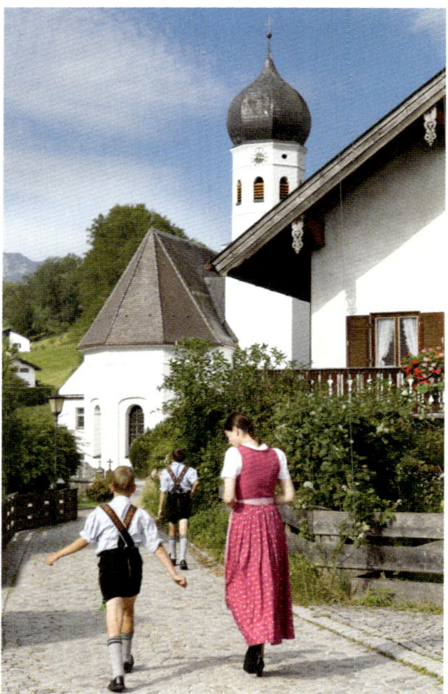

Über die Straße „Seeweg" entlang des Waldes gelangt man nach rund einem Kilometer in den urigen, aber langgezogenen Ort mit dem „Schmied von Kochel-Denkmal" in der Ortsmitte.

Es erinnert an die „Sendlinger Mordweihnacht" vom 24. auf den 25.12.1705. Damals wurden ein paar Tausend aufständische Bauern im Münchner Stadtteil Sendling massakriert, weil sie versucht hatten, München von den kaiserlich-österreichischen Truppen zu befreien. Ihr Anführer war Balthasar Mayer, bekannt als der „Schmied von Kochel".

Auf dem Friedhof der Pfarrkirche St. Michael in Kochel liegt auch Franz Marc, der bedeutendste bayerische Maler des 19. Jh. begraben.

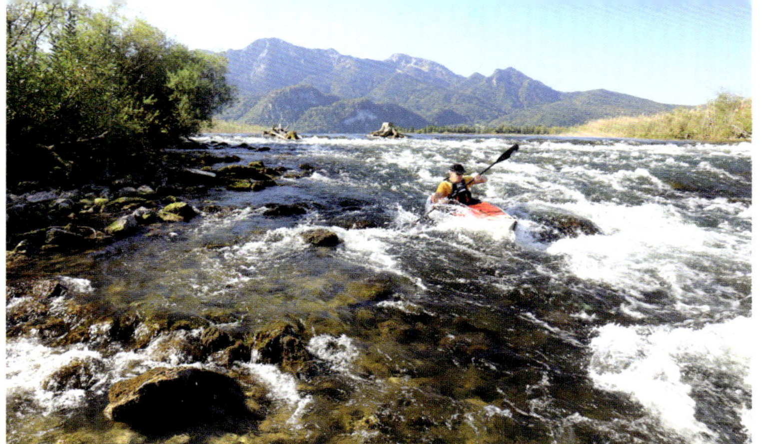

Leicht befahrbare Sohlrampe am Kochelsee-Ausfluss

Wenige Meter nördlich des Freizeitbads „Trimini" erreicht man den ***Seeausfluss*** der ***Loisach*** und *fährt in den linken Arm*. Obwohl es kräftig rauscht, ist die etwas verblockte Passage in der Mitte über eine leicht zu befahrende *Sohlrampe* meist problemlos *befahrbar*. Ein *Umtragen* auf der rechten Seite ist ebenfalls *möglich*.

km 45,9

Sohlschrampe *mittig befahrbar, umtragen rechts möglich*

Von hier bis zur Straßenbrücke **Sindelsdorf–Bichl** besteht links ein *Uferbetretungsverbot*. Am rechten Ufer sollte man nur an vorhandenen Zugängen anlanden. Die ***Loisach*** fließt nun abseits von Verkehrswegen durch das **Naturschutzgebiet Loisach-Kochelsee-Moor**. *Das 3.600 Hektar große Niedermoor, das seit rund 1.000 Jahren durch die Klöster Benediktbeuern und Schlehdorf landwirtschaftlich nutzbar gemacht wurde, ist großteils als Vogelschutzgebiet ausgewiesen und bietet Lebensraum für viele bedrohte Vogelarten. Bekassine, Großer Brachvogel, Braunkehlchen oder Eisvogel sind zu nennen, aber auch Raubwürger, Krick- und Schellente sind anzutreffen.*

bis km 38
links Uferbetretungsverbot

km 45,6
NSG Loisach-Kochelsee-Moor

Nur ein Wanderweg berührt auf der rechten Seite kurzzeitig den Fluss. Diese stille Landschaft des Voralpenlandes mit stimmungsvollen Rückblicken auf die bayerischen Berge ist von besonderem Reiz.

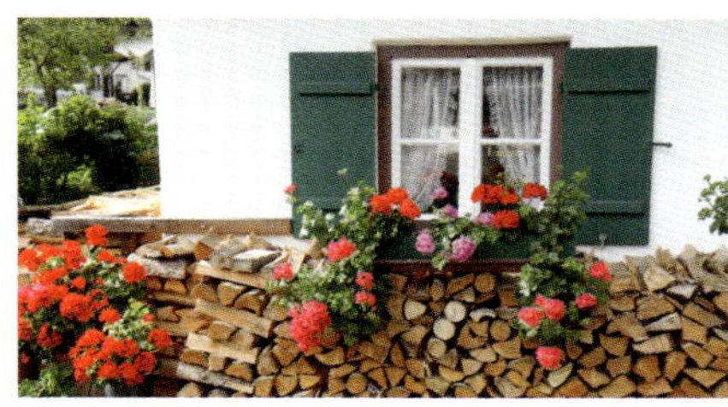

km 42,1 Jetzt passiert man die Wegbrücke eines Wander- und Radweges, der von Großweil kommend entlang des ehemaligen und teils zugewachsenen Flößerkanals ***Triftkanal*** nach **Benediktbeuern** führt.

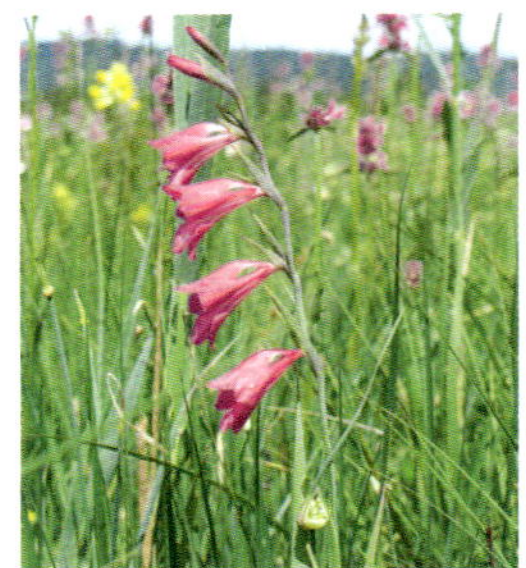

km 41,6 An der *Sohlrampe* ist je nach Wasserstand fast immer mit ***kräftiger Walzenbildung*** zu rechnen, deshalb unbedingt rechts 100 Meter *umtragen*.

Sohlrampe
Walzenbildung
100 m re umtragen

Direkt am Wiedereinstieg mündet der ***Lainbach*** von rechts ein. Hier befindet sich ein schöner *Rastplatz*.

Moosrundweg und Benediktbeuern

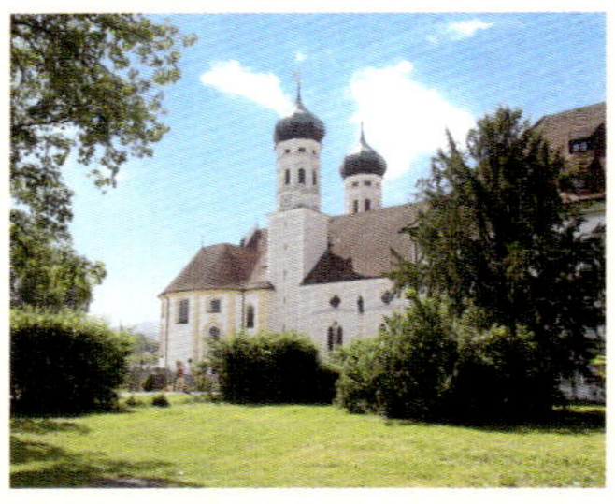

Rechterhand begleitet nun der ***„Moosrundweg 1"*** *(Beschilderung)* über den man zum Kloster Benediktbeuern wandern kann. Ein sehr sonniger **Rundweg von 10 km** Länge, Dauer ca. 2 ½ - 3 Stunden, plus Besichtigung der Klosterkirche und ggf. Einkehr in der Klosterschänke.

Benediktbeuern*, Gründung 725, gilt als ältestes Kloster Oberbayerns. Hier entstand auch die Liedersammlung „Carmina Burana". An der* ***barocken Klosteranlage*** *haben die berühmtesten Künstler ihrer Zeit mitgewirkt: Caspar Feichtmeier, Johann Babtist Zimmermann, Ignaz Günther. Die* ***Basilika*** *(tgl. 9-17) wurde mit Deckenfresken von Georg Asam ausgestattet.*

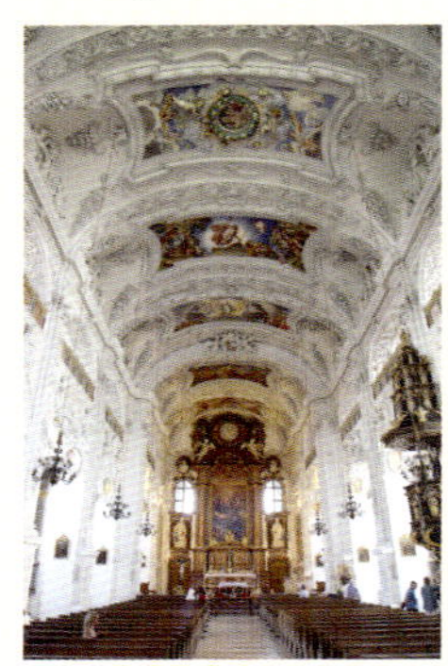

Ein Schmuckstück des Rokoko ist die ***Anastasiakapelle*** *(Eingang neben dem Nordturm). Sehr stilvoll ist das* ***Kloster-Café*** *im Gotischen Saal mit einer Holzdecke aus dem Jahre 1492. In einem Nebengebäude ist die* ***Fraunhofer-Glashütte*** *(tgl. 9-16, Eintritt frei) untergebracht, der Wirkungsstätte des berühmten Optikers.*

Im ***Maierhof*** *findet sich ein hübscher* ***Kräutergarten*** *sowie das* ***Museum für Umwelt und Kultur,*** *wo die Besucher Interessantes über die Ökologie der Region erfahren. (Infos: www.zuk-bb.de).*

In der ***Don Bosco Kloster-Jugendherberge*** sowie im ***Gästehaus des Klosters*** bestehen Übernachtungsmöglichkeiten *(siehe Adressen Seite 97)*.

Neben dem ***Bräustüberl*** *(So musikalischer Frühschoppen im Biergarten, www.klosterwirt.de)* empfiehlt sich auch ***Otti's Eis- & Cafegarten*** *(www.ottis-cafe.de)* zur Einkehr – hier sitzt man zwischen Blumen und kleinen Weihern.

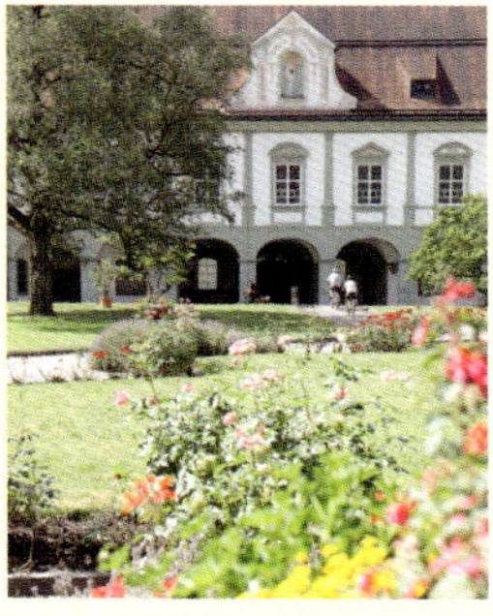

Der gut beschilderte Rückweg führt entlang des ***Gehölzpfads (Infotafeln)*** zunächst am ***Barfuß-,*** dann am ***Klangpfad*** vorbei. An der ***Vogelstation „Moosmühle"*** lassen sich bei der Winterfütterung *(Nov-Mär Sa 13.30-15.30)* sogar Arten wie Kornweihe, Sumpfohreule oder Raubwürger beobachten. Die ***Vogelstation „Fuchsbichl"*** ist ganzjährige zugänglich. Weiter Richtung Westen kommt man zum ***Moor-Erlebnispfad***, der vor allem Kinder begeistern dürfte, denn er führt über Stege, umgestürzte Bäume, einen Knüppelweg, bietet eine Seilbahn und bringt einen mit dem Floß übers Wasser.

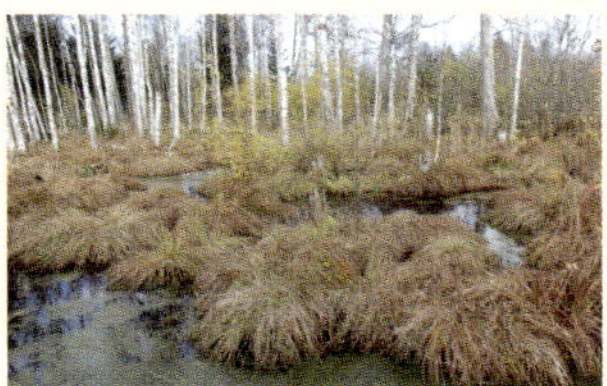

An der Loisach angekommen, geht es dann in südliche Richtung weiter bis zum Rastplatz/Kanuausstieg an der Lainbachmündung.

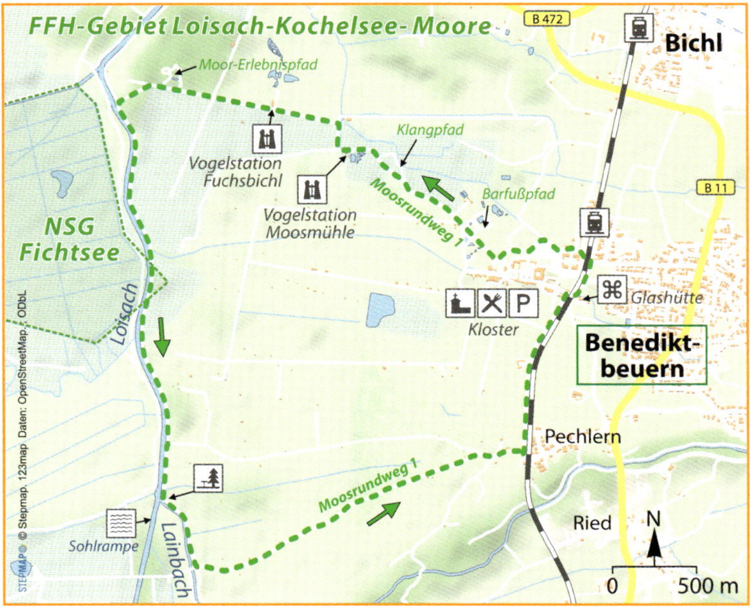

FFH-Gebiet Loisach-Kochelsee-Moore
B 472
Bichl
Moor-Erlebnispfad
Klangpfad
Vogelstation Fuchsbichl
Vogelstation Moosmühle
Moosrundweg 1
Barfußpfad
B 11
NSG Fichtsee
Loisach
Glashütte
Kloster
Benedikt-beuern
Pechlern
Moosrundweg 1
Ried
N
0 500 m
Sohlrampe
Lainbach
STEPMAP © Stepmap, 123map Daten: OpenStreetMap, ODbL

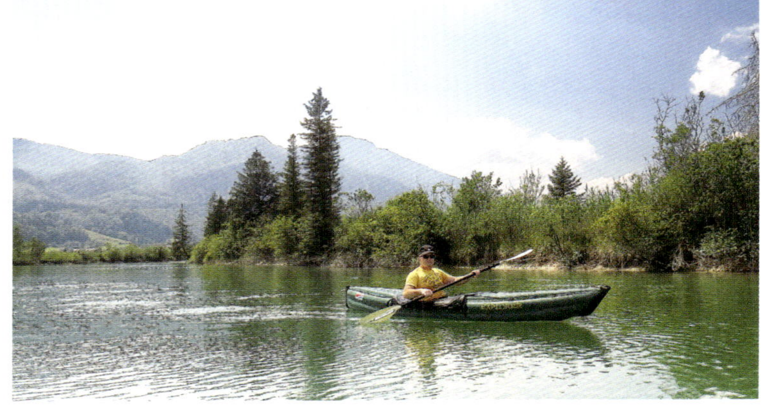

Zwischen Kochel und Benediktbeuern paddelt man am Loisach-Kochelseemoor vorbei

km 38

Die Strecke zur Straßenbrücke **Sindelsdorf – Bichl** wirkt naturnah mit Auwaldcharakter und guten Bergsichten. Wenn man Glück hat und geräuschlos unterwegs ist, kann man Eisvögel sehen. Auch Enten, Schwäne und die unterschiedlichsten Wasservögel bevölkern den Flusslauf. Umgestürzte Bäume erinnern an vergangene Unwetter.

km 34,1

Wehr 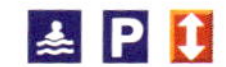
400 m li umtragen

Unter einer Eisenbahnbrücke hindurch geht es auf das *Wehr* in **Schönmühl** zu. Der Ausstieg im linken Arm (150 Meter nach Eisenbahnbrücke) ist gut beschildert. An heißen Tagen lockt der Platz zu einer Badepause.
Das Wehr diente dem Betrieb eines Sägewerks sowie einer Getreidemühle.

Gasthaus Schönmühl
Umbau & Wiedereröffnung geplant

Der lange Umtrageweg führt direkt am urigen, denkmalgeschützen *Gasthaus Schönmühl* vorbei, welches nach dem Umbau ca. 2022 wiedereröffnet werden soll. *Zwar konnte man auch schön im Biergarten sitzen, aber die historische Wirtsstube (Foto), die sich seit der Zeit um 1800 kaum verändert hat, mit der gemütlichen Eckbank, der alten Balkendecke und dem Kachelofen, war besonders stimmungsvoll. Hier wurde der Film „Hölleisengretl" mit dem österreichischen Sänger Hubert von Goisern gedreht.*

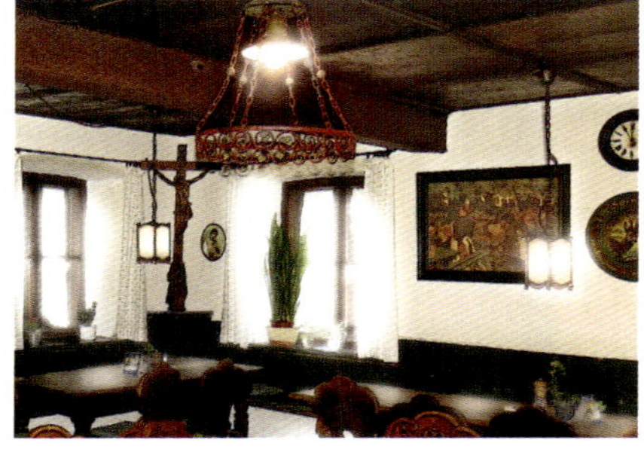

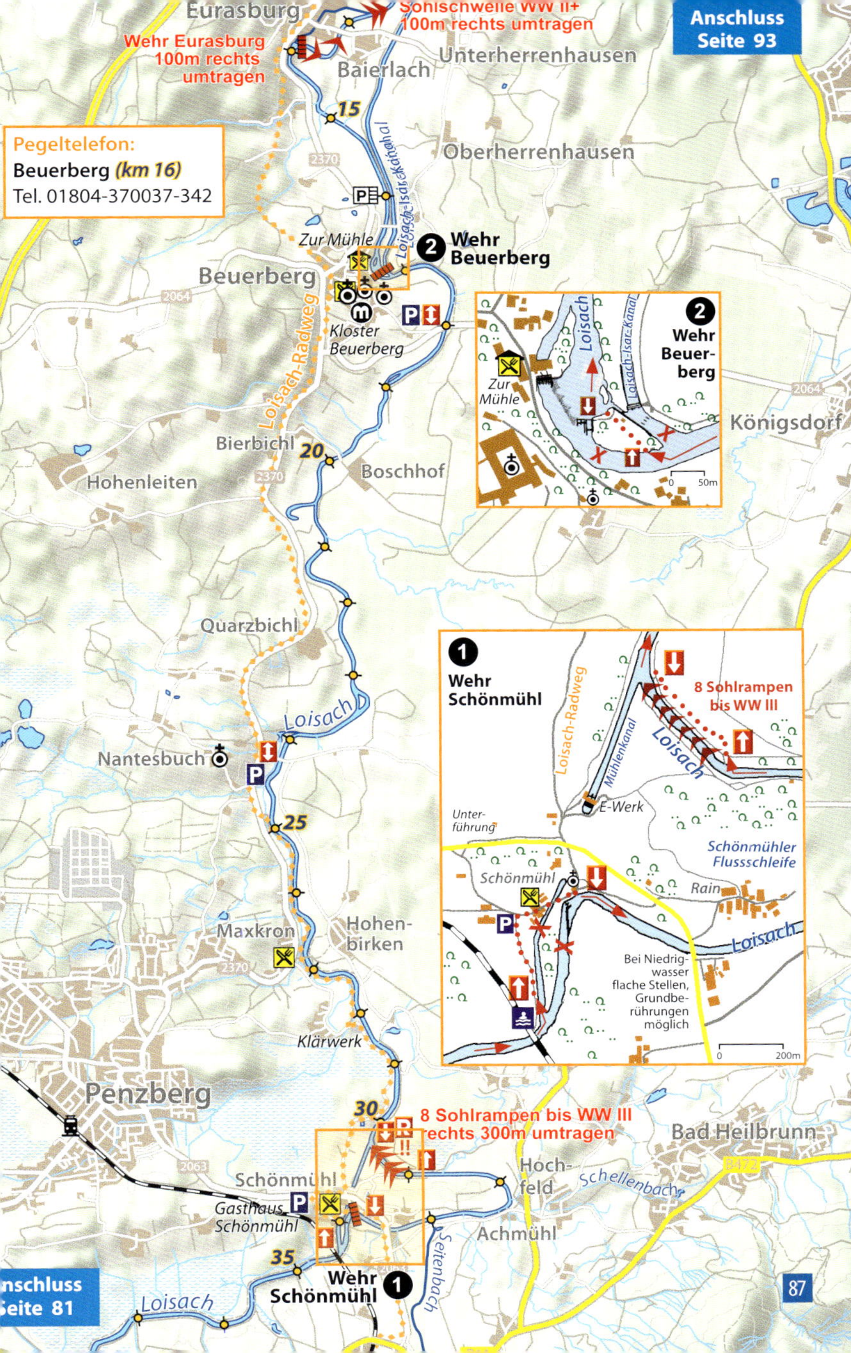

Eurasburg
Sohlschwelle WW II+
100m rechts umtragen
Anschluss
Seite 93
Wehr Eurasburg
100m rechts
umtragen
Baierlach
Unterherrenhausen
15
Pegeltelefon:
Beuerberg (km 16)
Tel. 01804-370037-342
Oberherrenhausen
Loisach-Isar-Kanal
Zur Mühle
2 Wehr
Beuerberg
Beuerberg
Kloster
Beuerberg
Loisach-Radweg
2 Wehr
Beuer-
berg
Loisach
Loisach-Isar-Kanal
Zur
Mühle
Königsdorf
0 50m
Bierbichl
20
Boschhof
Hohenleiten
Quarzbichl
Loisach
Nantesbuch
25
1 Wehr
Schönmühl
Loisach-Radweg
Mühlenkanal
Loisach
8 Sohlrampen
bis WW III
E-Werk
Unter-
führung
Schönmühler
Flussschleife
Schönmühl
Rain
Loisach
Bei Niedrig-
wasser
flache Stellen,
Grundbe-
rührungen
möglich
0 200m
Maxkron
Hohen-
birken
Klärwerk
Penzberg
30
8 Sohlrampen bis WW III
rechts 300m umtragen
Bad Heilbrunn
Hoch-
feld
Schellenbach
Schönmühl
Gasthaus
Schönmühl
Achmühl
Seitenbach
35
Wehr
Schönmühl 1
Anschluss
Seite 81
Loisach

km 34,3 P ⬇ Wenige Meter nach dem Gasthaus, direkt auf Höhe einer kleinen Kapelle, befindet sich der *Wiedereinstieg* nach der Wehrumtragung, bzw. der Einstieg für Tagesfahrer. Hier endet auch der eingezäunte Bereich der Wehranlage.

Durch die Wasserableitung zum E-Werk ergeben sich in Trockenzeiten einige *flache Stellen* (z.B. vor der nächsten Straßenbrücke, dann treideln). Trotzdem ist auch dieser Abschnitt selbst im Spätsommer oft befahrbar.

Wenn die Flussschleife nicht befahrbar sein sollte, kann man evtl. hinter dem Schönmühler E-Werk in den ***Mühlenkanal*** einsetzen. Das bringt jedoch eine längere Umtragung mit sich und ist von uns nicht erkundet worden.

km 33,6 Unter der Straßenbrücke ST 2063 hindurch geht es auf die markante ***Schönmühler Flussschleife*** zu. Mehrere einfach zu befahrende *Kurvenschwälle* sorgen vor allem bei höherem Wasserstand für Kurzweil.

Wie bereits auf der Strecke ab Kochel, haben hier zahlreiche Vogelarten ihren Lebensraum, darunter Bachstelzen, Eisvögel, Kormorane und Silberreiher. Hobby-Ornithologen kommen somit auf der Loisach voll auf ihre Kosten, wenn sie sich entsprechend ruhig verhalten.

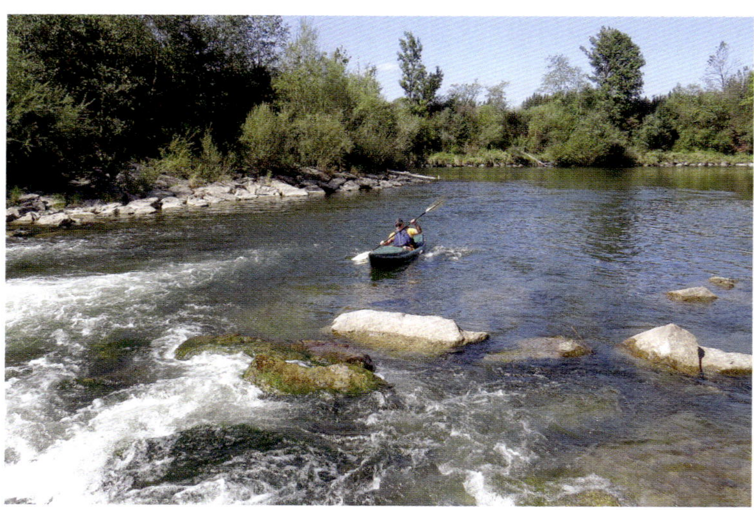

Am Wiedereinstieg am Ende der Schönmühler Flussschleife

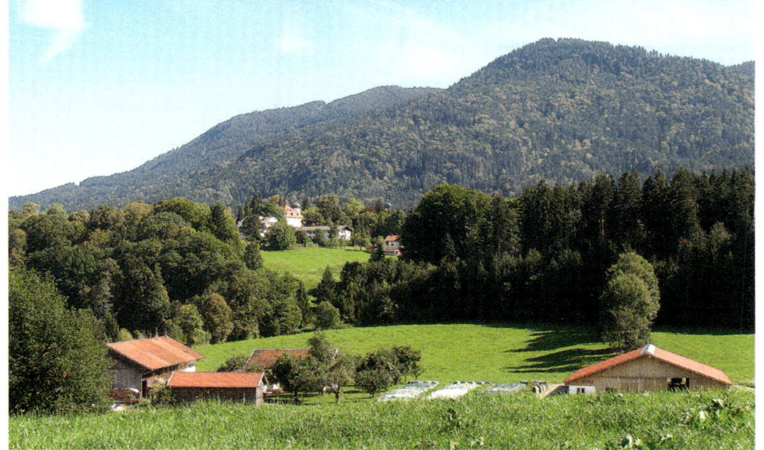

Blick von Bad Heilbrunn zum Stallauer Eck und zum Blomberg

km 32,4

Rechts mündet der vom nahen heilklimatischen Kurort **Bad Heilbrunn** hinzufließende ***Schellenbach*** in Höhe des Weilers **Achmühl**. *Für die Flößerei bedeutsam war Bad Heilbrunn wegen dieses Weilers. Beim Achmüller befand sich früher eine Sägemühle in der Holzstämme verarbeitet und an der Uferböschung zur Loisach zwischengelagert wurden, ehe man sie von dort aus die Böschung hinunter in den Fluss rollte und zu Flößen band.*

km 30,9

Hinweisschilder markieren den *Ausstieg* vor einer längeren *Umtragung*. Insgesamt *8 Sohlrampen* behindern die Fahrt **(bis WW III, je nach Wasserstand aber auch unbefahrbar).** Die schwierigsten Stellen sind zu Beginn und am Ende der Strecke. Tourenpaddler umtragen auf jeden Fall die gesamte Strecke mit Hilfe eines Bootswagens.

WW III
Sohlrampen
300 m re umtragen

km 30,6

R

Am *Wiedereinstieg* befindet sich eine große Kiesbank die sich für eine ausgedehnte *Rast* eignet. Hier führt die Loisach wieder ihre gesamte Wassermenge, denn von links mündet der ***Mühlenkanal*** von Schönmühl wieder ein.

km 27,8

Das Klärwerk **Penzberg** führt zu einer kurzen, heftigen Geruchsbelästigung. Eine Nebenstraße verläuft bis zur Brücke nach Nantesbuch in Flussnähe, ist aber meist kaum störend.

km 26,5

Links liegt der Weiler **Maxkron**, rechts **Hochbirken**. Im Bereich der Wegebrücke befinden sich Hochwasserschutzdämme, Anlanden ist nicht möglich. Auch weiter bis Eurasburg gibt es nur wenige Anlandemöglichkeiten.

km 24,2

Links vor der Straßenbrücke, in Nähe des Weilers **Nantesbuch**, befindet sich ein geeigneter *Ein- und Ausstieg* sowie ein kleiner *Parkplatz* mit schmaler Zufahrt.

Dann fließt die ***Loisach*** wieder völlig abseits von Verkehrswegen. Berührungspunkte ergeben sich ausschließlich an den beiden nachfolgenden Brücken.

km 23,2
km 20
km 18

Eine langgestreckte Flussinsel passiert man ganz rechts. Rund drei Kilometer später unterfährt man die Straßenbrücke zwischen den Orten **Boschhof** und **Bierbichl** und nach zwei weiteren Kilometern die Straßenbrücke der Straße ST 2064 südlich von **Beuerberg**. Linkerhand befindet sich direkt unter der Brücke eine Treppe die hinauf zum gebührenfreien *Parkplatz* führt.

km 16,7

Wehr Beuerberg
100 m re umtragen

Am *Wehr Beuerberg* zweigt rechts der ***Loisach-Isar-Kanal*** ab. An ihm vorbei fährt man geradeaus und setzt dann gleich rechts auf einer kleinen Landzunge aus. Der *Ausstieg ist nicht beschildert*, die Umtragung über die kleine Wehrinsel ist etwa 100 Meter lang.

„Zur Mühle" Gasthaus
(08179) 88 32
Pension
(08179) 99 73 90

Beim Wiedereinstieg direkt nach dem Wehr sehen wir vis-à-vis das *Gasthaus & Pension „Zur Mühle"*. Hier bietet sich nach telefonischer Voranmeldung eine *Übernach-*

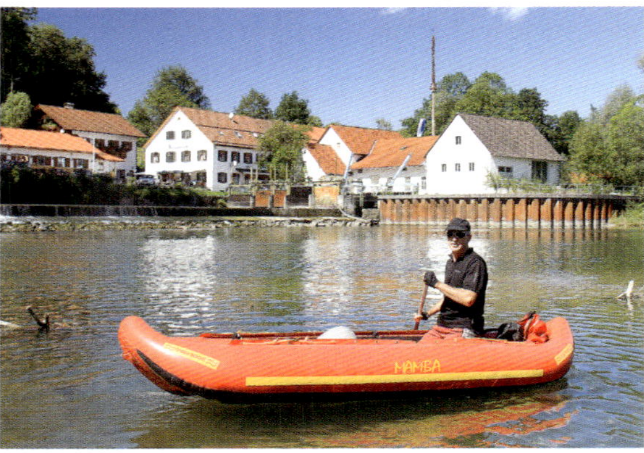

Unterhalb dem Beuerberger Wehr ist das Wasser zunächst knapp, bis nach 100 Metern der Mühlkanal wieder einmündet

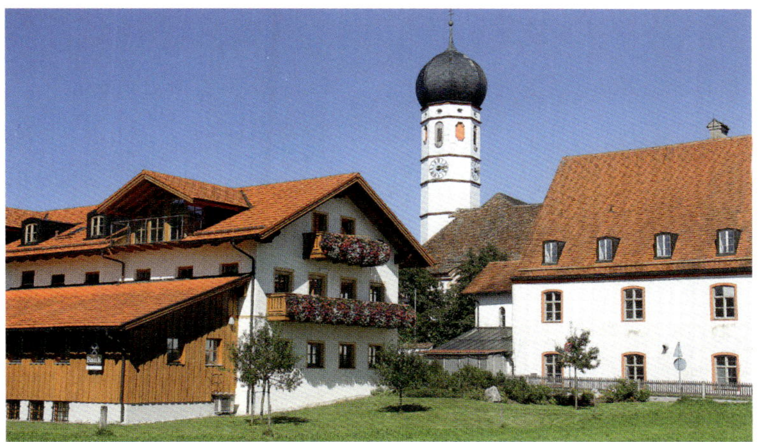

Beuerberg ist ein besonders stiller Ort im Loisachtal

tungsmöglichkeit direkt am Fluss an. Zum Essen sitzt man auf der Terrasse direkt an der Loisach oder in der modern-rustikalen Gaststube *(Di+Mi Ruhetag)*.

Kloster Beuerberg
(08179) 92 65-0
Jun-Okt Mi-So 10-18

Klosterküche
(08179) 92 65 16
Mai-Okt Mi-So 11-18

Leider ist das Anlanden in **Beuerberg** wegen der hohen Böschung und eingezäunter Privatgrundstücke auf der linken Seite zunächst nicht möglich. Vor der nächsten Straßenbrücke sollte man jedoch trotz der steilen Ufer eine Möglichkeit finden, um an Land zu kommen. Von dort läuft man etwa 300 Meter auf der Teerstraße zurück „Zur Mühle" und kann auch das *Kloster* von außen oder die Ausstellungen besichtigen.

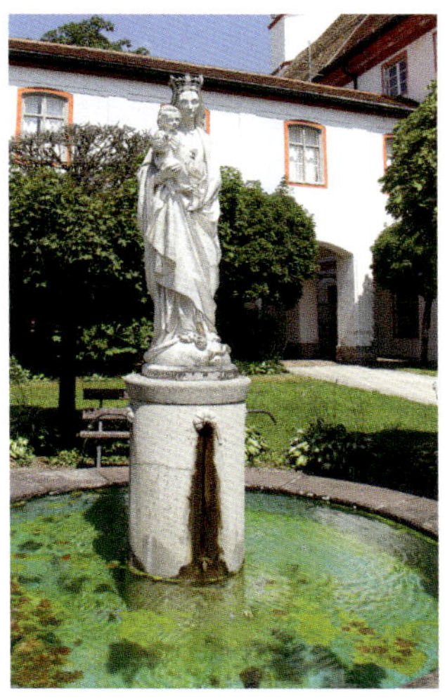

*Das **Kloster Beuerberg,** vor allem bekannt durch die ehemalige Klosterkirche St. Peter und Paul, wird nicht mehr als solches genutzt. Einst als Augustiner-Chorherren Kloster gegründet, wurde später von Salesianerinnen eine Mädchenschule und ein Seniorenerholungsheim betrieben.*

*Heute gibt es wechselnde **Ausstellungen** zum Thema Klosterleben und eine tolle Klosterküche mit leckerer regionaler (Bio-) Küche (Mai/Jun-Okt Mi-So 11-18).*

km 13,9 Lautes Rauschen und Hinweisschilder künden das ***Wehr Eurasburg*** vor dem Ortseingang an. Rechterhand *umträgt* man auf kurzem Weg und hält sich nach Wiedereinsetzen rechts. NICHT in den gegenüberliegenden ***Mühlenkanal*** einfahren!

Wehr 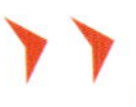
Eurasburg
100 m re umtragen

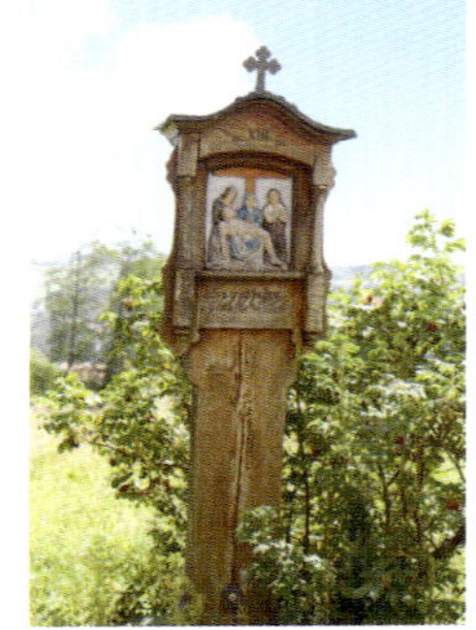

Auf den folgenden 300 Metern würzen einzelne kleine ***Stromschnellen*** die Fahrt. Mit Blick auf das am Hang gelegene ***Renaissanceschloss Eurasburg***, in dem der bekannte Bergsteiger Hermann von Barth geboren wurde (heute Privatwohnungen) und links daneben die ***Schlosskirche***, gelangt man zur Straßenbrücke in **Eurasburg**.

km 13,1

km 12,7 Gut 300 Meter weiter, an der verblockten ***Sohlschwelle,*** sollte man rechts ranfahren um diese ***vorab zu besichtigen***. **Sie ist nur für geübte Paddler befahrbar.**

Anfänger mit Tourenbooten sollten in jedem Fall rechts ***umtragen***.

Sohlschwelle
100 m re umtragen

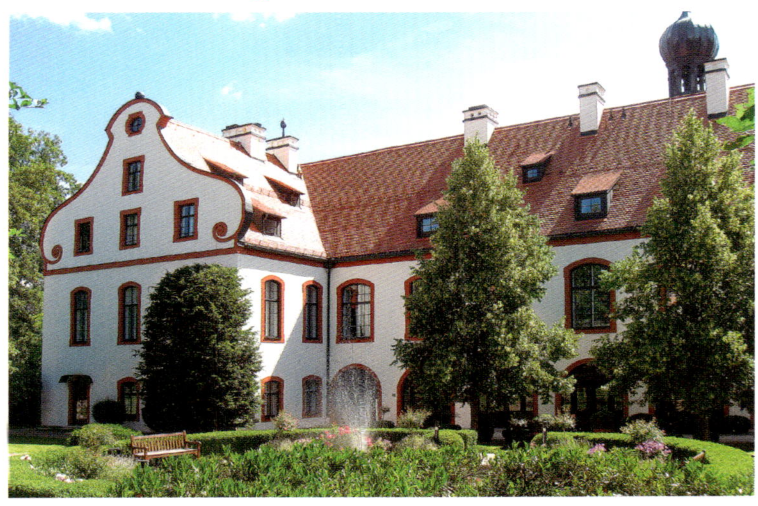

Schloss Eurasburg wurde nach einem Brand 1976 wieder aufgebaut und in Einzelwohnungen aufgeteilt

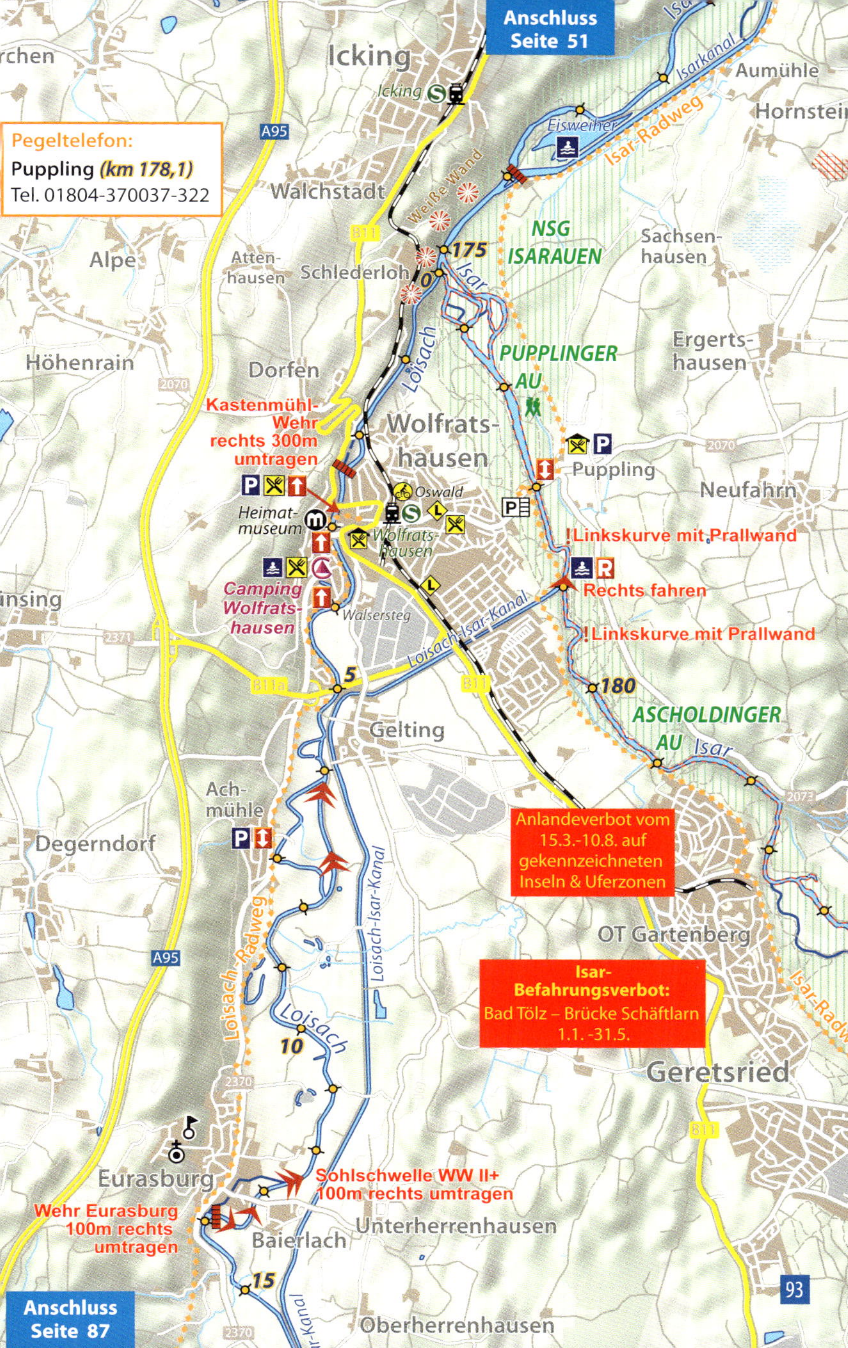

Anschluss Seite 51
Pegeltelefon:
Puppling (km 178,1)
Tel. 01804-370037-322
Icking
Walchstadt
Schlederloh
Attenhausen
Alpe
Höhenrain
Dorfen
Wolfratshausen
Kastenmühl-Wehr rechts 300m umtragen
Heimatmuseum
Camping Wolfratshausen
Walsersteg
Loisach-Isar-Kanal
Gelting
Achmühle
Degerndorf
Loisach-Radweg
Loisach
Eurasburg
Wehr Eurasburg 100m rechts umtragen
Sohlschwelle WW II+ 100m rechts umtragen
Baierlach
Unterherrenhausen
Oberherrenhausen
Anschluss Seite 87
Isarkanal
Aumühle
Hornstein
Eisweiher
Isar-Radweg
Weiße Wand
NSG ISARAUEN
Sachsenhausen
PUPPLINGER AU
Ergertshausen
Puppling
Neufahrn
!Linkskurve mit Prallwand
Rechts fahren
!Linkskurve mit Prallwand
ASCHOLDINGER AU
Isar
Anlandeverbot vom 15.3.-10.8. auf gekennzeichneten Inseln & Uferzonen
OT Gartenberg
Isar-Befahrungsverbot: Bad Tölz – Brücke Schäftlarn 1.1.-31.5.
Geretsried

km 7,8
Gabelung
links fahren

Der Beschilderung folgend, fährt man an einer *Flussgabelung* in den linken Loisacharm, der sich als sehr idyllisch erweist. NICHT in den rechten Arm einfahren, am Ende des Verlaufs befindet sich eine ***verblockte Sohlrampe***.

km 6,8

Geeignet für Tagesfahrer, die sich die Parkgebühr in Wolfratshausen sparen möchten, ist die *Parkmöglichkeit* links oberhalb der Brücke in **Achmühle**.

km 6
Sohlrampe
befahrbar
bei Niedrigwasser
Boote überheben

Am Zusammenfluss der beiden Loisacharme wartet eine leicht befahrbare ***Sohlrampe***. Bei Niedrigwasser sollte man die Boote hier besser überheben. Dagegen rauscht es im rechten Nebenarm wegen der erwähnten wuchtigen und verblockten Stufe sehr laut. Dichter Bewuchs und ein flacher, links abgehender Altarm, der nicht durchfahren werden kann, kennzeichnen die Folgestrecke.

km 5,3

Wir passieren den Ortsteil **Gelting** auf der rechten Flussseite und die blaue *Fußgängerbrücke* am „Bahnweg".

km 5

Die ***Loisach*** strömt hinter der Straßenbrücke der B 11a entlang eines Gewerbegebietes, auf **Wolfratshausen** zu.

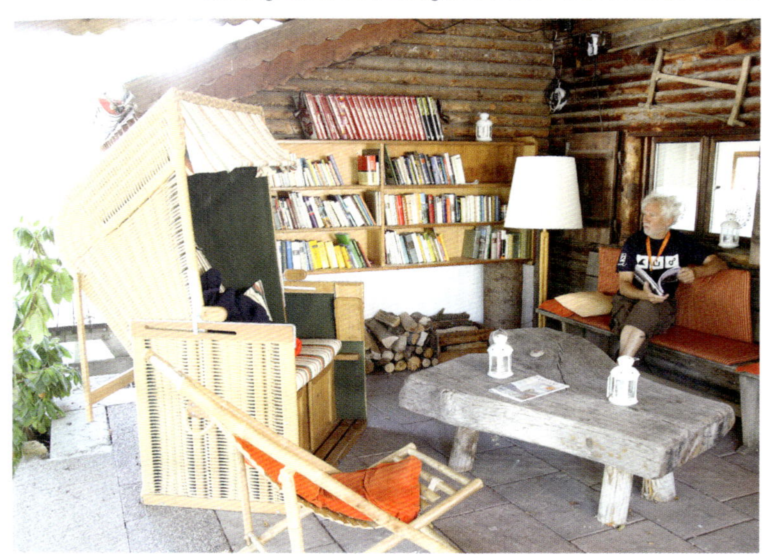

Der freundliche Campingplatzbetreiber hat ein Umfeld geschaffen, in dem man sich einfach wohlfühlt

km 3,9

Campingplatz Wolfratshausen
(08171) 787 95
400 m vom Wasser

Links vor der Fußgängerbrücke „Walsersteg" finden wir den *Ausstieg,* oben halten wir uns links und kommen wenige Meter weiter zur *Badstraße*. Über diese erreicht man, am besten mit dem Bootswagen, den *Campingplatz Wolfratshausen* in 400 Meter Entfernung.

Der ruhig gelegene und sympathische Campingplatz mit „chilligem" Bar-Restaurant „Anno 72" und kleinem Badeweiher ist ein sehr empfehlenswertes Basislager für Feriengäste die von hier aus Tagestouren unternehmen wollen, oder auch per S-Bahn mit der Stadt München verbunden sein möchten. Auch das interessante ***NSG „Pupplinger Au"*** im Bereich der Isar- und Loisachmündung ist ganz nahe.

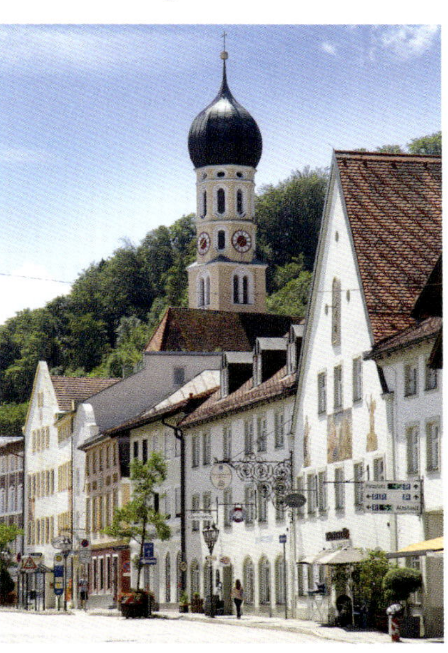

Die Altststadt von **Wolfratshausen** ist in wenigen Minuten Fußweg erreichbar.

km 3,1 Wer sich gleich zum *Zurückfahren* zum Auto oder zur nobleren Hotelübernachtung entschieden hat, kann links vor der nächsten Straßenbrücke unterhalb eines gebührenpflichtigen *Parkplatzes* in der *Barbezieuxstraße* aussetzen.

Jenseits der Brücke ist man nach etwa 200 Metern am flussnahen *Hotel Landhaus Café* (großer Biergarten) und wenige Schritte weiter an *Bahnhof* und *S-Bahnhof*.

Landhaus Café
(08171) 21 65 70

km 2,9

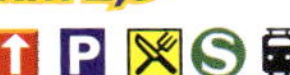

Wirtshaus Flößerei
(08171) 38 62 58 10

Zur geeigneteren *Aussetzstelle* an der hölzernen *Fußgängerbrücke „Sebastiani-Steg"* paddelt man noch etwa 200 Meter weiter. Dahinter befindet sich rechts ein guter Ausstieg an einer Treppe. Der gebührenpflichtige *Parkplatz* an der Loisachhalle ist direkt oberhalb. Daneben lockt das freundliche *Wirtshaus Flößerei* mit Biergarten zur finalen Einkehr. Über den Sebastiani-Steg ist man nach wenigen Metern in der Altstadt der 1.000-jährigen Flößerstadt.

Heimatmuseum Wolfratshausen
(08171) 26 78 38
bis Herbst 2022 geschlossen

Gasthof & Hotel Humplbräu
(08171) 48 32 90

*Das **Heimatmuseum** (z.Zt. wegen Modernisierung geschlossen) mit zahlreichen Exponaten zur Flößerei, die Baudenkmäler „Buckhaus" und „Beim Oberfärber" mit reicher Fassadenmalerei sowie das sehenswerte Rathaus und die **Pfarrkirche St. Andreas** und nicht zuletzt der 1619 erstmals urkundlich erwähnte **Gasthof Humplbräu** laden zum Stadtbummel & Einkehr.*

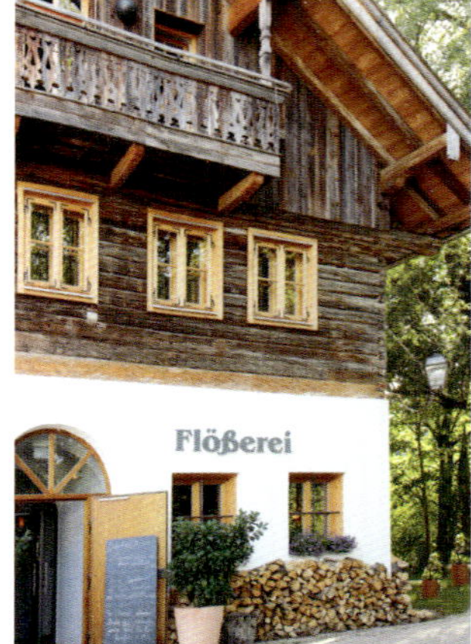

Wirtshaus Flößerei

km 2,4

Kastenmühlwehr
300 m re umtragen

Bei ***Weiterfahrt zur Isar*** *(siehe Isar km 175,1 ab Mündungsdelta, Seite 52)* folgt bei km 2,4 die ***Staustufe Kastenmühlwehr*** mit historisch nachempfundener sehenswerter Holzbrücke. Das Wehr muss **rechts 300 Meter umtragen** werden.

Wenig später passiert man nach der Straßenbrücke in **Weidach** links einen Startplatz der Touristenflöße. Die letzten Häuser von Wolfratshausen hinter sich lassend, erreicht man wenig später das ***NSG Pupplinger Au*** und die Mündung in die ***Isar***.

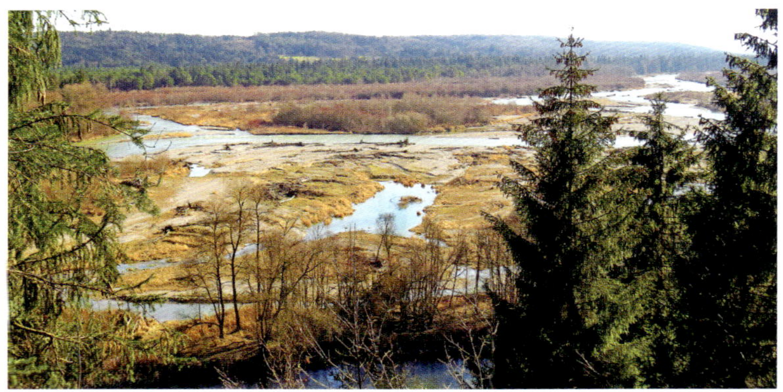

NSG Pupplinger Au am Zusammenfluss von Isar und Loisach

Übernachtung in Wassernähe (in alphabetischer Ortsreihenfolge)

Bei Übernachtungen im Gasthof oder Hotel ist es ratsam ein Zimmer vorzubestellen – an beiden Gewässern ist man auf Radtouristen eingestellt die, ebenso wie durchreisende Paddler, häufig nur für eine Nacht bleiben. Unterstellmöglichkeiten für Kanus sind in der Regel kein Problem (einfach fragen). Einige Gasthäuser und Campingplätze sind direkt vom Wasser aus zu sehen oder an den Brücken, Rastplätzen oder Aussetzstellen ausgeschildert.

Arzbach (OT von Wackersberg)

Blockhaus Fast, Kalkofenstr. 24, Tel. (08042) 82 12, www.urlaub-in-wackersberg.de

Alpen-Camping, Alpenbadstr. 2, Tel. (08042) 84 08, www.alpen-campingplatz.de

Bad Tölz

Schwingshackl ESSKULTUR im alten Fährhaus (hochpreisig, sehr gute Küche), An der Isarlust 1, Tel. (08041) 60 30, www.schwingshackl-esskultur.de

Jugendherberge, Am Sportpark 4, Tel. (08041) 79 31 80, www.bad-toelz.jugendherberge.de

Wohnmobilstellplatz an der Isarpromenade, www.bad-toelz.de

Benediktbeuern

Don-Bosco Kloster-Jugendherberge, Don-Bosco-Str. 3, Tel. (08857) 883 50, www.don-bosco-jh.de

Kloster Benediktbeuern Gästehaus, Don Bosco-Str.1, Tel. (08857) 881 95, www.kloster-benediktbeuern.de/Kloster/Zu-Gast-im-Kloster

DJH Jugendherberge Benediktbeuern „Miriam", Bahnhofstr. 58, Tel. (08857) 90 50

Beuerberg

Gasthaus & Pension „Zur Mühle", Loisachweg 47, Tel. (08179) 99 73 90, www.pensionzurmuehle.de

Einöd (OT von Dietramszell)

Biwakplatz Camping Beham, Einöd 8, Tel. (08027) 386

Eschenlohe

Hotel-Gasthof Zur Brücke, Loisachstr. 1, Tel. (08824) 210, www.bruecke-eschenlohe.de

Fall (OT von Lenggries)

Hotel Jäger von Fall, Ludwig-Ganghofer-Str. 8, Tel. (08045) 130, www.jaeger-von-fall.de

Farchant

Hotel-Gasthof Alter Wirt, Bahnhofstr. 1-3, Tel. (08821) 967 00 70, www.hotel-alterwirt.de

Grainau (OT von Garmisch-Partenkirchen)

Camping Erlebnis Zugspitze, Griesenerstr. 2, Tel. (08821) 943 91 11, www.pure-camping.de

Großweil

Alpengasthof zur Loisach, Alter Kirchenweg 1, Tel. (08851) 924 00, www.alpengasthof-zur-loisach.de

Königsdorf-Rothmühle

Jugendsiedlung Hochland, Rothmühle 1, Tel. (08041) 76 98-0, www.jugendsiedlung-hochland.de

Kochelsee/ Kochel am See

Camping Kesselberg, Altjoch 2 1/2, Tel. (08851) 464, www.campingplatz-kesselberg.de

Camping Renken, Mittenwalderstr. 106, Tel. (08851) 61 55 05, www.campingplatz-renken.de

Seehotel Grauer Bär, Mittenwalderstr. 82-86, Tel. (08851) 925 00, www.grauer-baer.de

Krün

Ferienhotel Barmsee, Am Barmsee 9, Tel. (08825) 20 34, www.barmsee.de

Lenggries

Hotel Lenggrieser Hof, Münchnerstr. 3, Tel. (08042) 505 60, www.lenggrieser-hof.de

Hotel Alpenrose, Brauneckstraße 1, Tel. (08042) 915 50, www.hotel-alpenrose.de

Jugendherberge Lenggries, Jugendherbergsstr. 10, Tel. (08042) 24 24, www.lenggries.jugendherberge.de

Lenggrieser Bergcamping (Zelt, Zimmer, Alm-Chalets), Gilgenhöfe 4, Tel. (08042) 564 06 02, www.lenggrieser-bergcamping.de

Mittenwald

Jugendherberge Mittenwald, Buckelwiesen 7, Tel. (08823) 17 01, www.mittenwald.jugendherberge.de

Naturcamping Isarhorn, Am Horn 4, Tel. (08823) 52 16, www.camping-isarhorn.de

München-Thalkirchen

Camping, Zentralländstr. 49, Tel. (089) 723 17 07, www.campingplatz-thalkirchen.de

Oberau

Hotel garni Zur Post, Münchner Str. 8, Tel. (08824) 81 68, www.hotel-garni-oberau.de

Ferienhaus Hofer, An der Loisachbrücke 3, Tel. (08824) 88 56, www.loisachbeach.de

Puppling

Gasthaus Aujäger, Austr. 4, Tel. (0817) 785 56, www.aujaeger-puppling.de

Schlehdorf

Gasthof Klosterbräu, Seestr.2, Tel. (08851) 286, www.klosterbraeu-schlehdorf.de

Vorderriß

Gasthof Post, Tel. (08045) 277, www.post-vorderriss.de

Wallgau

Hotel Wallgauer Hof, Isarstr. 15, Tel. (08825) 921 00, www.wallgauer-hof.de

Winkl (OT von Lenggries)

Gasthof Gassler (Mi & Do Ruhetag), Winkl 15, Tel. (08042) 24 16

Haus Marter, Winkl 27, Tel. (08042) 32 33, www.haus-marter.de

Wolfratshausen

Camping Wolfratshausen, Badstr. 2, Tel. (08171) 787 95, www.campingbayern.de

Hotel Landhaus, Sauerlacherstr. 10, Tel. (08171) 21 65 70, www.landhauscafe.com

Gasthof Humplbräu, Obermarkt 2, Tel. (08171) 48 32 90, www.humplbraeu.de

Kanuvermieter Isar mit Einsetzstellen

Einsetzstelle Sylvenstein & Lenggries, jeweils bis Bad Tölz

Action & Funtours (Schlauch-Canadier, Veranstalter, Raft & Bike, uvm.), Basisstation Lenggries: Gebirgsjägerstr. 15, Treffpunkt Bad Tölz: Parkplatz P4 Isar-Promenade (Königsdorferstr.), Tel. (089) 850 59 04, www.action-funtours.de

Einsetzstelle Bad Tölz, Sylvenstein, Lenggries, Schäftlarn

Doktor Boot (Verleih, Schulung, Reparatur, Gebrauchtboote), Firmensitz in Germering, Josef-Kistler-Str. 3, Tel. 0162-644 85 56, www.doktor-boot.com

Einsetzstelle Lenggries

Montevia (Schlauch-Canadier, Touren, Rafting SUP, Flossbau, Veranstalter), Firmensitz & Station in Lenggries, Bergbahnstr. 1, Tel. (08042) 97 24 00, www.montevia.de

Sport-Piraten (Schlauchboote), Firmensitz in 81369 München, Leipartstr. 23, Tel. (089) 78 70 76 55, www.sport-piraten.de

Einsetzstelle Sylvenstein (bis Lenggries)

Snow & Raft (Schlauch-Canadier, Rafting, SUP, Veranstalter, Touren, Kurse, Boot & Bike), Firmensitz Lenggries, Marktstr. 4, Tel. (08042) 962 09 23, www.snowandraft.de

Peißenberg (Boot abholen und Einsetzstelle selber wählen)

Kajakhütte, (Kajak, Canadier, Schlauchboote, SUP, Transport auf Anfrage, Kurse, Verkauf), Zur alten Berghalde 3, Tel. (08803) 46 70, www.kajak-huette.de

Kanukurse Isar

Andechs

Kajakschule Rivertours, (Canadierkurse für Anfänger und Fortgeschrittene), Hurtenstr. 4a, Tel. (08152) 965 24 10, www.rivertours.de

Lenggries

Snow & Raft (Schlauch-Canadier, Rafting, SUP, Veranstalter, Touren, Kurse, Boot & Bike), Firmensitz Lenggries, Marktstr. 4, Tel. (08042) 962 09 23, www.snowandraft.de

München

Die Waldmeister, (Canadierkurse, Touren, Bootsvermietung mit Abholung in München Perlach), Tel. (089) 23702117, www.diewaldmeister-muenchen.de

Kajakschule Oberland, (Kajak & Canadier, Schnupper-, Grund- & Aufbaukurse), Ohlmüllerstr. 5, Tel. 0175-155 65 23, www.kajakschule-oberland.de

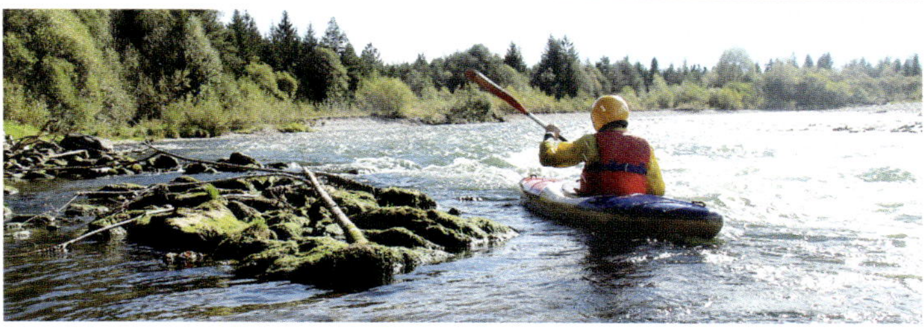

Kanuvermieter Loisach mit Einsetzstellen

Einsetzstelle Farchant

Wildwasser Werdenfels/WW-GAP, (Kajak- & Canadiervermietung, geführte Touren, Kurse, Boot-Shuttle auf Anfrage, Fahrrad- & E-Bike-Vermietung), Firmensitz in 82467 Garmisch-Partenkirchen, Alpspitzstr. 16, Tel. (08821) 14 96, www.ww-gap.com

Einsetzstelle Achrain, Bootsanlieferung nach Farchant, Oberau, Eschenlohe

Bavariaraft by Montevia, (Schlauchboote, auch geführte Touren), Bootausgabestelle in Achrain bei Murnau, Tel. (08841) 676 98 70, www.bavariaraft.de

Shop in Peißenberg (Boot abholen und Einsetzstelle selber wählen)

Kajakhütte, (Kajak, Canadier, Schlauchboote, SUP, Transport auf Anfrage, Kurse, Verkauf), Zur alten Berghalde 3, Tel. (08803) 46 70, www.kajak-huette.de

Shop in Murnau (Boot abholen und Einsetzstelle selber wählen)

OberlandSports, (Kanuvermietung, Schulung auf Anfrage, Verkauf, Testboote), Petersgasse 3, Tel. 0172-469 67 26, www.oberland-sports.de

Kanukurse Loisach

Garmisch-Partenkirchen

Wildwasser Werdenfels (s. oben), Alpspitzstr. 16, Tel. (08821) 14 96, www.ww-gap.com

München

Kajakschule Oberland (Kajak & Canadier, Schnupper-, Grund- & Aufbaukurse), Ohlmüllerstr. 5, Tel. 0175-155 65 23, www.kajakschule-oberland.de

Kanuveranstalter Isar & Loisach (genannt wird die Adresse des Firmensitzes, bitte Einsetzstelle bzw. Veranstaltungsorte erfragen)

Bad Aibling

Kanu-Relax (Kanutouren und Schulung), Am Sonnenfeld 15, Tel. (08061) 93 88 467 oder 0173-375 45 17, www.kanu-relax.de

Fall am Sylvensteinstausee (OT von Lenggries)

Akademie aktiv (im Outdoor-Hotel Jäger von Fall), Ludwig-Ganghoferstr. 8, Tel. (08054) 13 423 und 0151-27 18 62 02, www.akademie-aktiv.de

Garmisch-Partenkirchen

Wildwasserschule GAP, Alpspitzstr. 16, Tel. (08821) 14 96, www.ww-gap.com

Gauting

Action & Funtours, Karlstr. 7, Tel. (089) 850 59 04,
Hotline-Nr. in dringenden Fällen: 0179-294 16 36, www.action-funtours.de

Germering

Doktor Boot, Josef-Kistler-Str. 3, Tel. 0162-644 85 56, www.doktor-boot.com

Lenggries

Snow and Raft, Marktstr. 4, Tel. (08042) 962 09 23, www.snowandraft.de

Montevia, Bergbahnstr. 1, Tel. (08042) 97 24 00, www.montevia.de

München

Sport-Piraten, Leipartstr. 23, Tel. (089) 78 70 76 55, www.sport-piraten.de

Murnau am Staffelsee

Bavariaraft by Montevia, Achrain 99, Tel. (08042) 97 24 00, www.montevia.de

Oberau

Hooray Day, Münchner Str. 8, Tel. (08824) 709 00 39, www.hooray-day.com

Peißenberg

Kajakhütte, Zur alten Berghalde 3, Tel. (08803) 46 70, www.kajak-huette.de

Kanu-Shops

Kaufering (südlich von Augsburg)

Kanu-Trekking Grabscheid, Brückenring 17, Tel. (08191) 652 88, www.kanu-trekking.de

München

Globetrotter München, Isartorplatz 8-10, Tel. (089) 444 555 70, www.globetrotter.de

Murnau

Oberland-Sports, Petersgasse 3, Tel. 0172-469 67 26, www.oberland-sports.de

Peißenberg

Kajakhütte, Zur alten Berghalde 3, Tel. (08803) 46 70, www.kajak-huette.de

Riedering, OT Niedermoosen (südöstlich bei Rosenheim)

Blue and White, Eichenstr. 3, Tel. (08036) 906 30, www.blue-and-white.com und www.outdoorcenter.de

Rosenheim

Prijon Sportshop, Innlände 6, Tel. (08031) 21 94 44, www.prijonshop.de

Taufkirchen (München)

Boote Jochum, Wettersteinstr. 16, Tel. (089) 614 554 40, www.boote-jochum.de

Ulm

Out-Trade Faltboot.de, Nicolaus-Otto-Str. 34, Tel. (0731) 400 76 75, www.faltboot.de

Fahrradvermieter (oft auch E-bikes)

Bad Heilbrunn (Loisach)
Gästeinfo Bad Heilbrunn, Wörnerweg 4, Tel. (08046) 323, www.bad-heilbrunn.de

Bad Tölz (Isar)
Riedelsheimer, Sachsenkamerstr. 6, Tel. (08041) 781 20, www.radl-land.de

Benediktbeuern (Loisach)
E-Bikes, Otto Gion, Prälatenstr. 32, Tel. (08857) 690 00

Garmisch-Partenkirchen (Loisach)
Bikecenter, Ludwigstr. 90, Tel. (08821) 549 46, www.bikeverleih.de

WW-GAP (Fahrrad & E-Bike), Alpspitzstr. 16, Tel. (08821) 14 96, www.ww-gap.com

Kochel am See (Loisach)
Benedikt Heinritzi, Bahnhofstr. 8, Tel. (08851) 471, www.heinritzi-fahrrad.de

Lenggries (Isar)
Sport Sepp, Isarring 11, Tel. (08042) 25 89, www.sport-sepp.de

E-Bike Verleih, Karl-Pfund-Weg 4, Tel. (08042) 973 20, www.altwirt-lenggries.de

Rad Rasti, An der Bretonenbrücke 9 (OT Anger), 08042 29 02, www.radlrasti.de

Murnau am Staffelsee (Loisach)
Oberland Sports, Petersgasse 3, (08841) 99 88 963, www.oberland-sports.de

Radlstadl, Bahnhofstr. 10, Tel. (08841) 402 22 & 678 22 25 www.radlstadl.de

Ohlstadt (Loisach)
Gäste-Info Ohlstadt, Rathausplatz 1, Tel. (08841) 67 12 50, www.ohlstadt.de

Wolfratshausen (Isar & Loisach)
Oswald, Bahnhofstr. 10, Tel. (08171) 184 15, www.oswald-bikes.de/verleih

Mobile Radlvermietung am Starnberger See (St. Heinrich)
velo-bavaria, Buchscharnstr. 10, Tel. 0176-20 18 84 10, www.velo-bavaria.de

Mobile Radlvermietung in München-Thalkirchen (Isar)
Bikebringer, Schachnerstr. 4, Tel. 0173-386 07 66 *(tgl. 8-20)*, www.bikebringer.de

Sehenswürdigkeiten, Museen & Bäder mit Öffnungszeiten

Arzbach

Freibad Arzbach, Alpenbadstr. 1, Tel. (08042) 88 88, *bei Sonne 9-19, Eintritt Erw. 4,50 €*

Bad Tölz

Das Bulle von Tölz MUSEUM, Kapellengasteig 3, Tel. (08041) 799 13 77, *Mo-Sa 10-17, So 11-17, Eintritt 7,50 €, bis 15 Jahre frei,* www.dasbullevontoelzmuseum.de

Stadtmuseum Bad Tölz, Marktstr. 48, Tel. (08041) 79 35 157, *Mi-Sa 10-17, Eintritt Erw. 2,- €,* www.bad-toelz.de

Bichl (Benediktbeuern)

Naturbad Bichl, Am Bad 3, *bei Sonne 12-19, Eintritt Erw. 4,- €,* www.bichl.de

Benediktbeuern

Fraunhofer Glashütte und Museum, Fraunhoferstr. 2, *tägl. 9-16, Eintritt frei,* www.kloster-Benediktbeuern.de

Kloster Benediktbeuern (einige Bereiche sind nur im Rahmen einer Führung zu besichtigen, Erw. 4,50 €), Don-Bosco-Str. 1, Tel. (08877) 881 10, www.kloster-benediktbeuern.de

Garmisch-Partenkirchen

Richard Strauss Institut, Schnitzschulstr. 19, Tel. (08821) 91 09 50, *Mo-Fr 10-16, Eintritt Erw. 3,50 €,* www.richard-strauss-institut.de

Werdenfels Museum, Ludwigstraße 47, Tel. (08821) 21 34, *Di-So 10-17, Erw. 4,50 €,* www.werdenfels-museum.de

Kletterwald, Wankbahnstraße, Tel. 0170-634 96 88, *Mär-Okt 10-18, Eintritt ab 14 Jahre 24,- €, unter 14 Jahre 19,- €,* www.kletterwald-gap.de

Großweil bei Schlehdorf

Freilichtmuseum Glentleiten, An der Glentleiten, Tel. (08851) 18 50, *19.3.-11.11. Di-So 9-18, sonst bis 17, Jun-Sep auch Mo, Eintritt Erw. 7,- €,* www.glentleiten.de

Grünwald

Burgmuseum Grünwald, Zeilerstr. 3, Tel. (089) 641 32 18, *Karsamstag bis Allerheiligen Mi-So 10-17, Eintritt Erw. 2,50 €*, www.gemeinde-gruenwald.de

Kochel am See

Erlebniskraftwerk Walchensee, Altjoch 21, Tel. (08851) 772 25, *Mai-Okt 9-17, sonst tgl. 10-16, Führung Jun-Okt Di 16, Eintritt frei*, www.kochel.de

Franz Marc Museum, Franz-Marc-Park 8-10, Tel. (08851) 92 48 80, *Di-So & Feiertage, Apr-Okt 10-18, Nov-Mär 10-17, Eintritt Erw. 8,50 €*, www.franz-marc-museum.de

Freizeit- & Thermalbad Kristall Trimini, Seeweg 2, Tel. (08851) 53 00, *Mai-Sep tgl. 9-21, Okt-Apr Di-So 10-21, Eintritt ab 5,- €*, www.kristall-trimini-kochel-am-see.de

Königsdorf-Rothmühle

Isartalsternwarte, Rothmühle 9, Tel. 0157-70 70 70 17 od. (08171) 62 98 33, *Sternführungen (2 Std.) Mai-Jul Fr 22, sonst Mi+Fr 20/21), Eintritt 6,- €*, www.isartalsternwarte.de

Lenggries

Erlebnisbad Isarwelle, Goethestr. 22, Tel. (08042) 50 95 96, *Di-So 11.30-21, Sa & So 10-19.30, in den bayer. Schulferien ab 10 Uhr und auch Mo geöffnet*, www.lenggries.de

Natur-Freibad, Großherzogin-Maria-Anna-Weg 17, Tel. (08042) 50 96 20, *ca. Mai-Sep 10-19, Eintritt Erw. 3,- €*, www.lenggries.de

Heimatmuseum, Am Rathausplatz 2, Tel. (08042) 500 88 00 und (08042) 50 18 20, *Mo-Fr 9-12 & 14-17, Eintritt Erw. 1,- €*, www.lenggries.de

Mittenwald

Geigenbaumuseum, Ballenhausgasse 3, Tel. (08823) 25 11, *10-17, Eintritt Erw. 4,50 €*, www.geigenbaumuseum-mittenwald.de

Murnau

Münterhaus, Krottmüllerallee 6, Tel. (08841) 62 88 80, *Di-So 14-17, Eintritt Erw. 3,- €*, www.muenter-stiftung.de

Schloßmuseum, Schloßhof 2-5, Tel. (08841) 47 62 07, *Di-So 10-17, Eintritt Erw. 4,50 €*, www.schlossmuseum-murnau.de

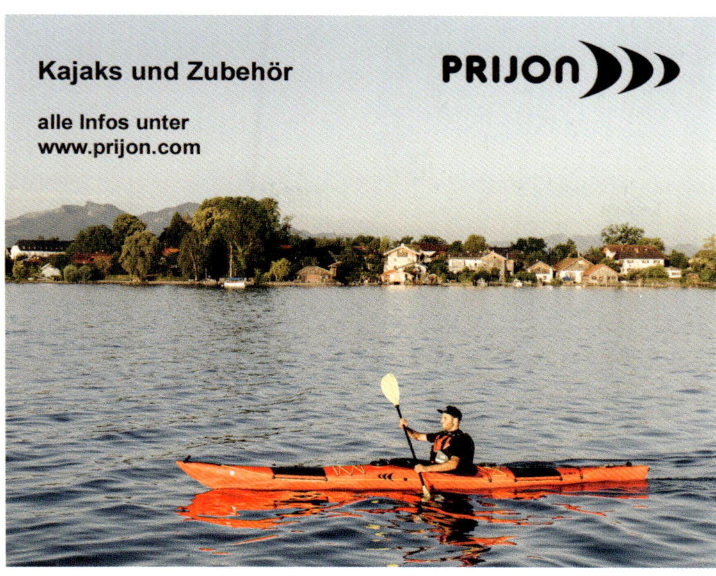

München

Deutsches Museum, Museumsinsel 1, Tel. (089) 217 91, *tägl. 9-17, Eintritt Erw. 11,- €,* www.deutsches-museum.de

Residenzmuseum, Residenzstr. 1, Tel. (089) 29 06 71, *28.3.-18.10. 9-18, Eintritt Erw. 7,- €,* www.residenz-muenchen.de

Stadtmuseum, St. Jakobs-Platz 1, Tel. (089) 233-223 70, *Di-So 10-18, Eintritt Erw. 7,- €,* www.muenchner-stadtmuseum.de

Valentin Karlstadt Musäum, Tal 50, Tel. (089) 23 32 66, *Mo, Di, Do 11-17.30, Fr/Sa 11-18, So 10-18,* www.valentin-musaeum.de

Tierpark Hellabrunn, Tierparkstr. 30, Tel. (089) 625 08-0, *Mitte Mär-Okt tägl. 9-18, Nov-Mär tgl. 9-17, Eintritt Erw. 14,- €, Kind 5,- €,* www.hellabrunn.de

Naturbad Maria Einsiedel, Zentralländstr. 28, *Sommer tägl. 9-18, Eintritt Erw. 4,10 €*

Ohlstadt

Kaulbach-Villa, Kaulbachstr. 22, Tel. (08841) 74 80, *1.4.-31.10. Mi und Sa 16-18 , Eintritt Erw 3,- €,* www.ohlstadt.de

Schäftlarn

Kloster Abtei Schäftlarn, Tel. (08178) 79 15, Prälatengarten *frei zugänglich, Klosterladen,* Tel. (08178) 86 74 24, *Mi-Sa & Feiert. 14-17, So 11-17,* www.abtei-schaeftlarn.de

Wolfratshausen

Heimatmuseum, Untermarkt 10, Tel. (08041) 793 51 57, *Do & So 14-18, Sa 14-17, Eintritt Erw. 2,- €,* heimatmuseum.wolfratshausen.de

Auskunft & Tourist-Infos

Bad Tölz
Tourist-Info, Max-Höfler-Platz 1, Tel. (08041) 78 67-0, www.bad-toelz.de
und *Tourist-Info im Stadtmuseum,* Marktstr. 48, Tel. (08041) 79 35 156

Benediktbeuern
Gästeinformation, Prälatenstr. 3, Tel. (08857) 248, www.benediktbeuern.de

Dietramszell
Gemeindeverwaltung, Am Richteranger 10, Tel. (08027) 905 80, www.dietramszell.de

Eschenlohe
Tourist-Info, Murnauerstr. 1, Tel. (08824) 82 28, www.eschenlohe.de

Eurasburg
Gemeindeverwaltung, Beuerbergerstr. 10, Tel. (08179) 947 60, www.eurasburg.de

Farchant
Tourist-Info, Am Gern 1, Tel. (08821) 96 16 96, www.farchant.de

Garmisch-Partenkirchen
Tourist-Info, Richard-Strauss-Platz 2, Tel. (08821) 180 700, www.gapa.de

Kochel am See
Tourist-Info, Bahnhofstr. 23, Tel. (08851) 338, www.kochel.de

Königsdorf
Gemeindeverw., Hauptstr. 54, Tel. (08179) 931 20, www.gemeinde-koenigsdorf.de

Krün
Tourist-Info, Schöttlkarspitzstr. 15, Tel. (08825) 10 94, www.alpenwelt-karwendel.de

Lenggries
Gästeinfo, Rathausplatz 2, Tel. (08042) 50 18-0, www.lenggries.de

Mittenwald
Tourist-Info, Dammkarstr. 3, Tel. (08823) 339 81, www.alpenwelt-karwendel.de

Murnau am Staffelsee
Tourist-Info, Untermarkt 13, Tel. (08841) 47 62 40 , www.murnau.de

München
Tourist-Info, Marienplatz 2, Tel. (089) 233-965 00, www.muenchen.de

Oberau
Tourist-Info, Schmiedeweg 10, Tel. (08824) 939 73, www.oberau.de

Schlehdorf
Fremdenverkehrsverein, Tel. (08851) 484, www.urlaub-in-schlehdorf.de

Wackersberg
Gemeindeverwaltung, Bachstr. 8, Tel. (08041) 799 28-0, www.wackersberg.de

Wallgau
Tourist-Info, Mittenwalder Str. 8, Tel. (08825) 92 50 50, www.alpenwelt-karwendel.de

Wolfratshausen
Tourist-Info im Rathaus, Marienpl. 1, Tel. (08171) 21 42 05, www.wolfratshausen.de

Pegel & Gefahrenmeldungen

Pegel / Hochwassernachrichtendienst Bayern: www.hnd.bayern.de/pegel

Pegel fürs Handy: RiverApp, www.riverapp.net/de

Wasserwirtschaftsamt Weilheim mit Gefahrenstellen-Meldungen: www.wwa-wm.bayern.de

Kanu-Verbände

Deutscher Kanu-Verband, Bertaallee 8, 47055 Dusiburg, Tel. (0203) 99 75 90, www.kanu-de

Bayerischer Kanu-Verband e.V., Georg-Brauchle-Ring 93, 80992 München, Tel. (089) 157 02-418, www.kanu-bayern.de

Bundesverband Kanu e.V. (BVKanu), Gunther-Plüschow-Str. 8, 50829 Köln, Tel. (0221) 59 57 10, www.bvkanu.de

Links

Das virtuelle Isarmuseum, ein Projekt des Isartalvereins, *Die Isar – Ein Fluss und seine Geschichte(n):* www.isargeschichten.de

Kanu-Info Isar und Nebenflüsse, sehr detaillierte Flussbeschreibungen mit Karten, meist sehr aktuell: www.kanu-info-isar.de

Hilfreiche Infos *zum* **Thema „Wildfluss Isar"** liefert der Link: www.alpenflusslandschaften.de/de/tipps.html

Paddel-Zeitschriften

kajak-Magazin, Tel. (07221) 95 210, www.kajak-magazin.com

KANUmagazin, Tel. (089) 55 24 10, www.kanumagazin.de

Der Autor

Alfons Zaunhuber – Der Münchner kommt aus dem Sportartikel-Einzelhandel. Einige Jahre als Kajaklehrer und im schweren Wildwasser unterwegs, sieht er sich heute als Genusssportler. Der Canyoningpionier gründete den Deutschen Canyoningverein e.V. und war vier Jahre Vorstand. Mehrere Filme, z.B. im Bayerischen- und Griechischen Fernsehen, zahlreiche Bücher und Artikel in Kanu- und Bergsportzeitschriften dokumentieren sein Schaffen. Als Allroundsportler liebt er die Abwechslung am Berg und im Wasser und ist auch gerne mit dem Bike unterwegs.

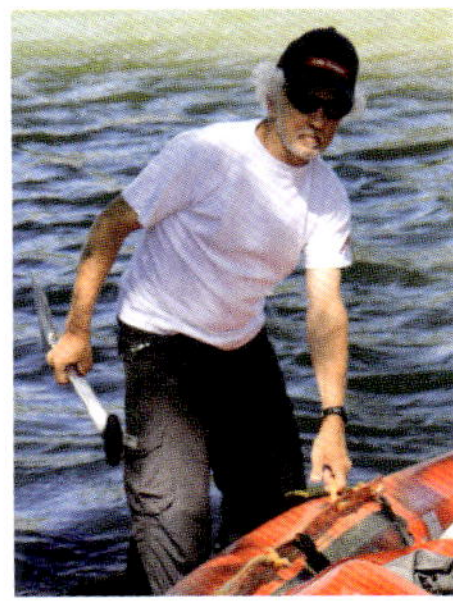

Mehr Bücher aus der Reihe KANU KOMPAKT

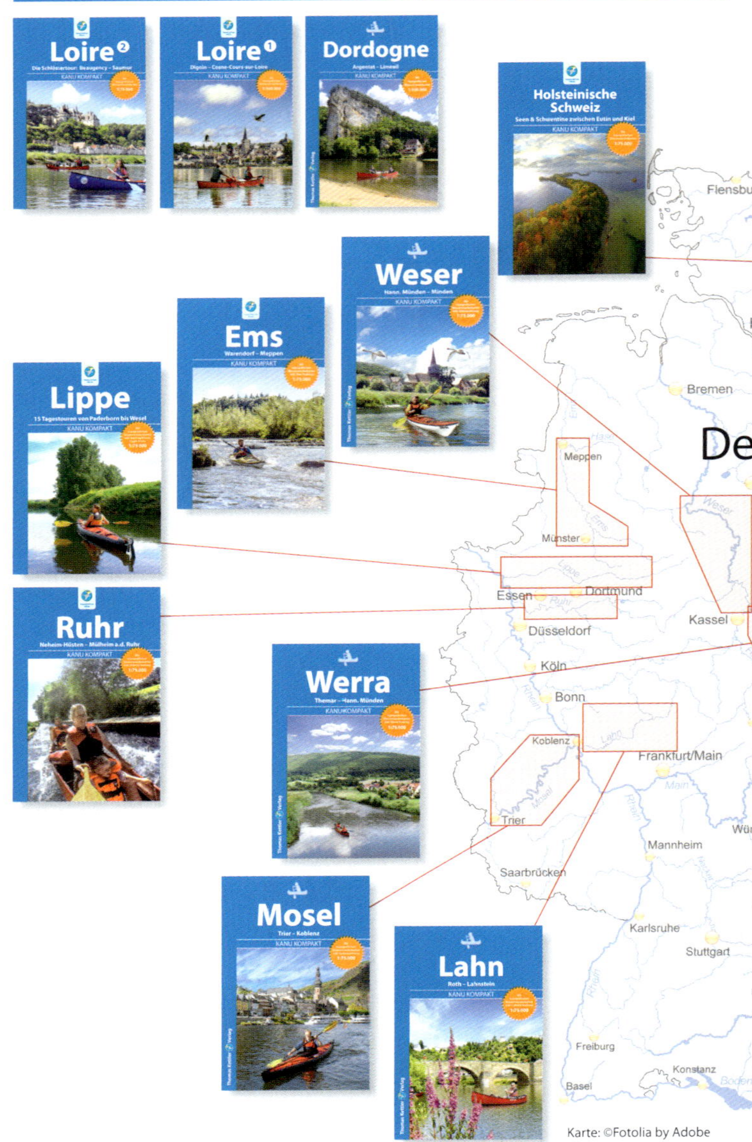

Karte: ©Fotolia by Adobe

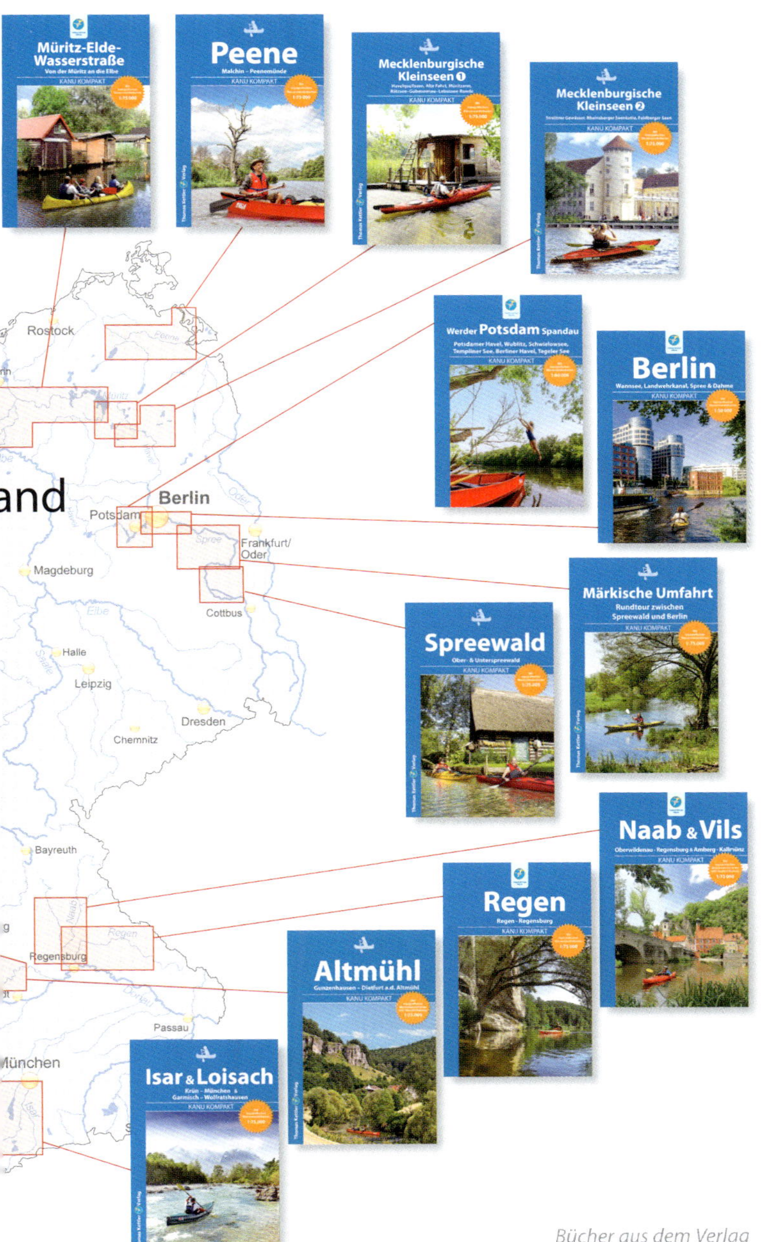
Müritz-Elde-Wasserstraße
Von der Müritz an die Elbe
KANU KOMPAKT
Peene
Malchin – Peenemünde
KANU KOMPAKT
Mecklenburgische Kleinseen 1
KANU KOMPAKT
Mecklenburgische Kleinseen 2
KANU KOMPAKT
Werder Potsdam Spandau
Potsdamer Havel, Wublitz, Schwielowsee, Templiner See, Berliner Havel, Tegeler See
KANU KOMPAKT
Berlin
Wannsee, Landwehrkanal, Spree & Dahme
KANU KOMPAKT
Märkische Umfahrt
Rundtour zwischen Spreewald und Berlin
KANU KOMPAKT
Spreewald
Ober- & Unterspreewald
KANU KOMPAKT
Naab & Vils
KANU KOMPAKT
Regen
Regen – Regensburg
KANU KOMPAKT
Altmühl
Gunzenhausen – Dietfurt a.d. Altmühl
KANU KOMPAKT
Isar & Loisach
KANU KOMPAKT
Rostock
Berlin
Potsdam
Frankfurt/Oder
Magdeburg
Cottbus
Halle
Leipzig
Dresden
Chemnitz
Bayreuth
Regensburg
Passau
München

Weitere Bücher zum Kanuwandern

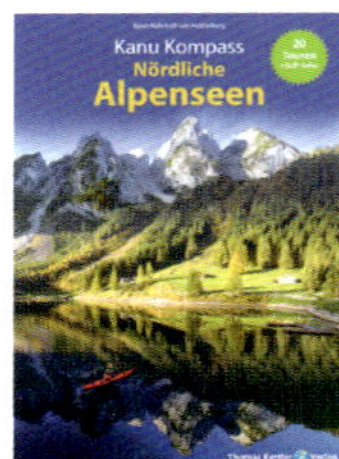

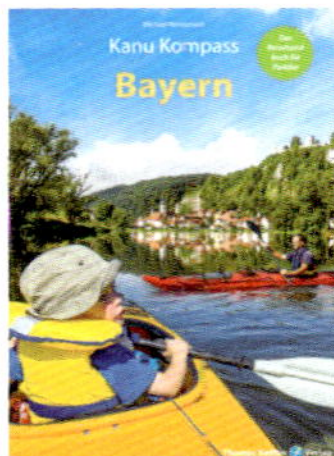

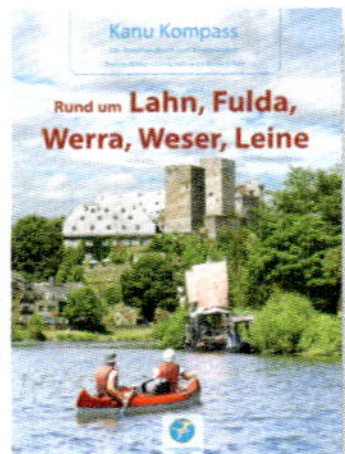

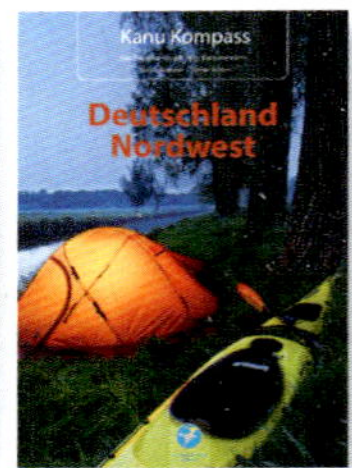

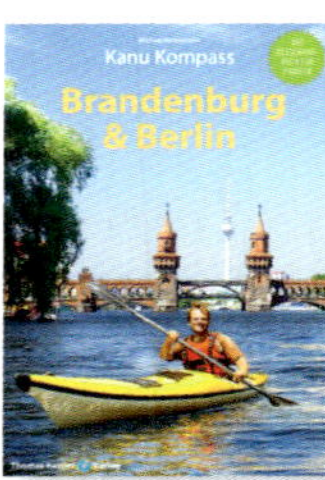

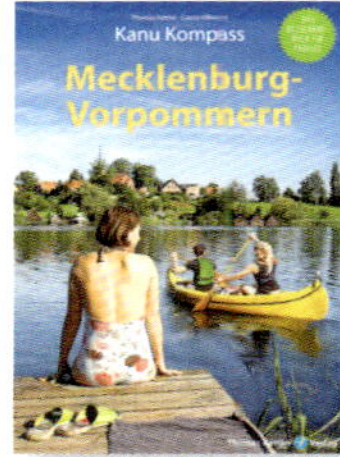

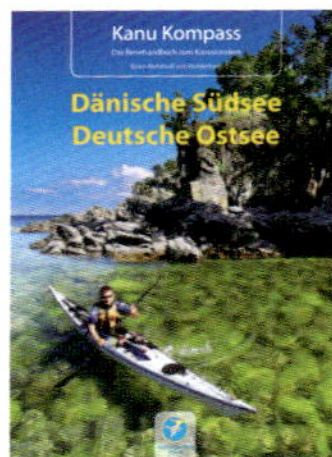

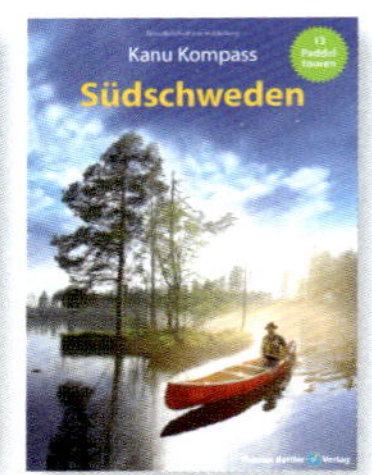

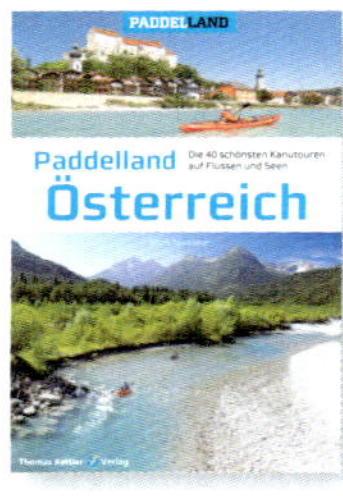

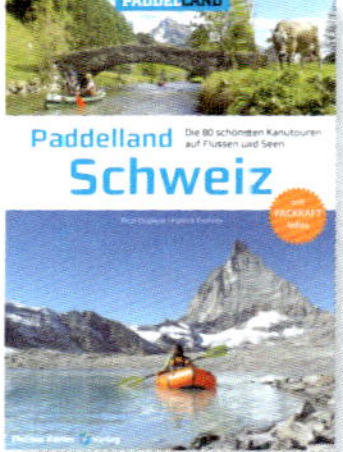

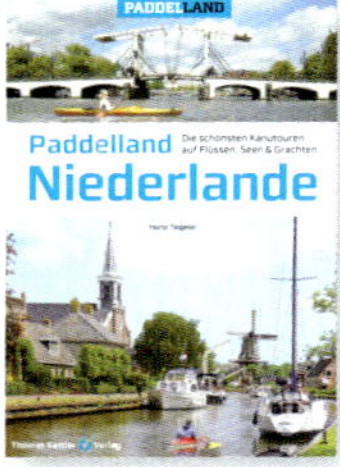

Lehr- und Lernbücher

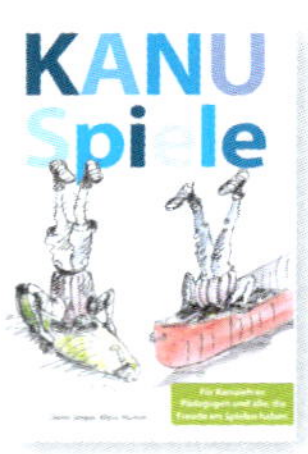

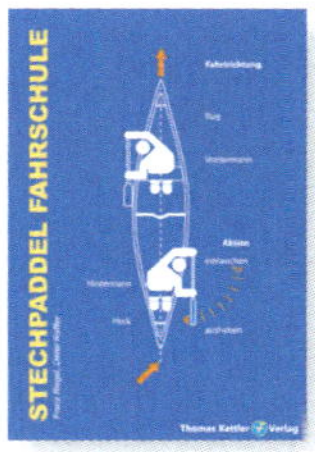

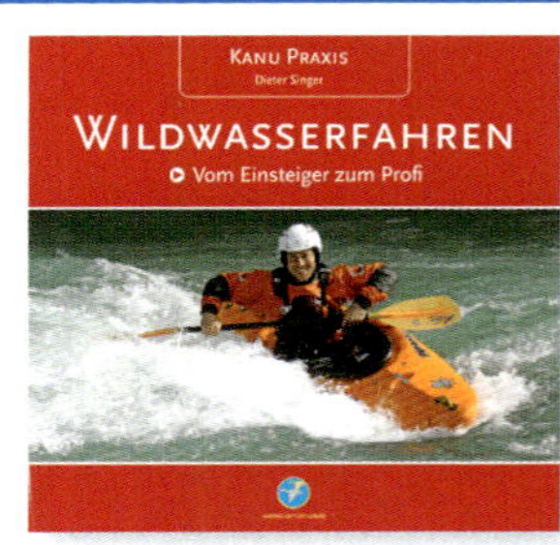

Aus der Reihe Outdoor Kompass

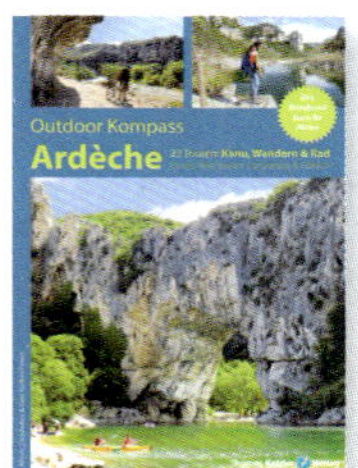

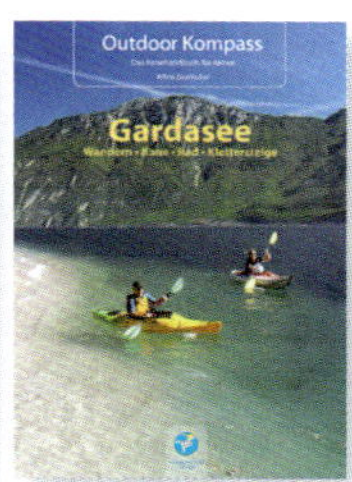

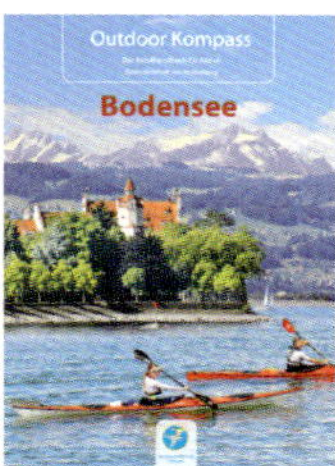

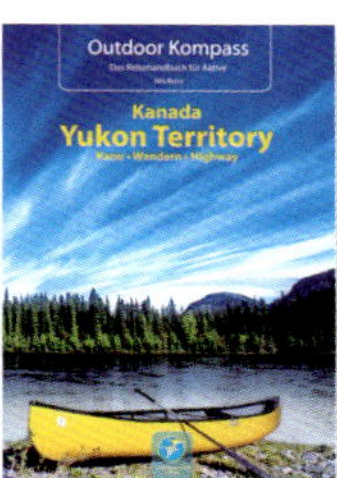

Skandinavienbücher

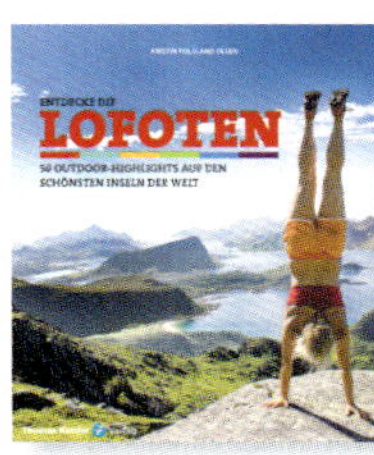

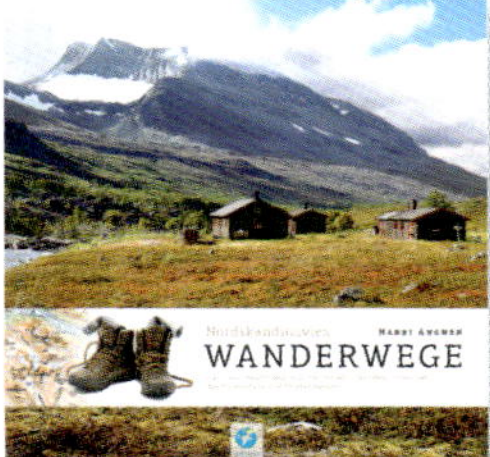

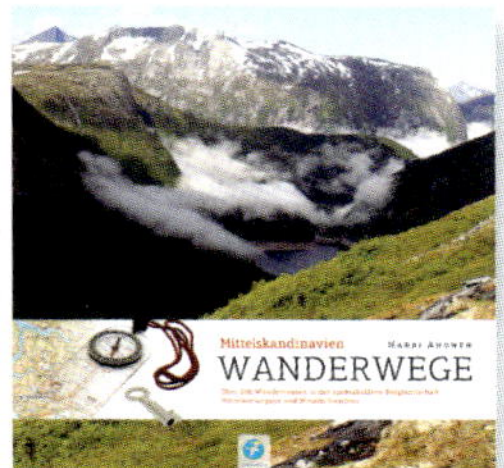

SUP-GUIDES

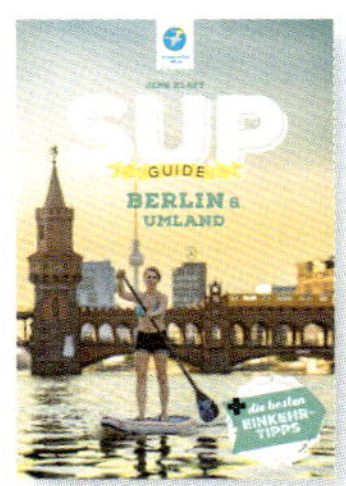

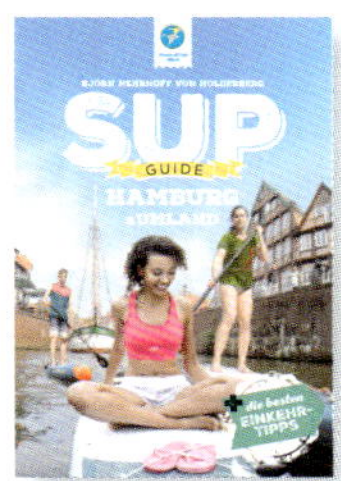

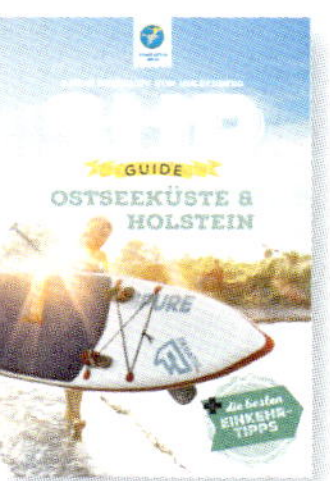

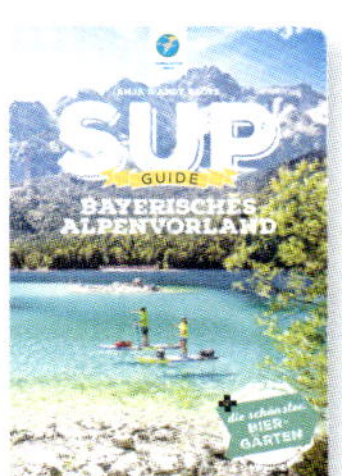

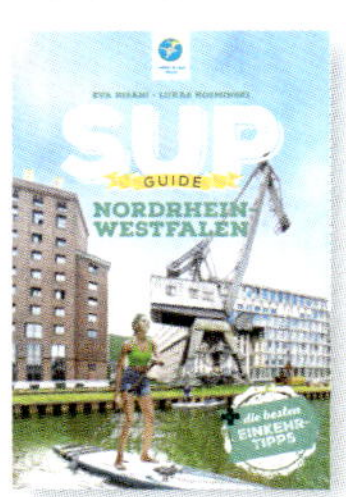

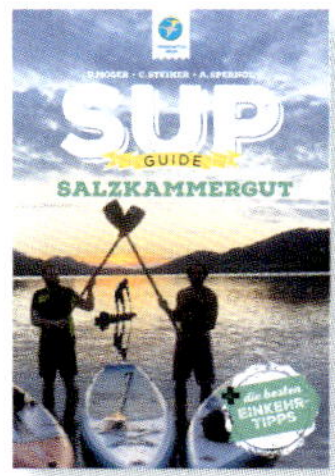

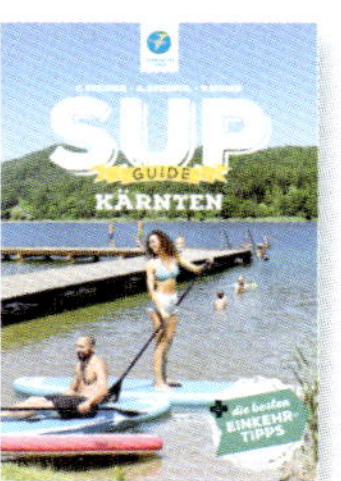

Register